津门文库

天津记忆第二十八种

主编　王振良

西當明霞

藏书目里的章钰及其交游

天津社会科学院出版社

李炳德　著

图书在版编目（CIP）数据

四当明霞：藏书目里的章钰及其交游 / 李炳德著
. -- 天津：天津社会科学院出版社, 2018.12（2021.5重印）
（天津记忆 / 王振良主编）
ISBN 978-7-5563-0527-8

Ⅰ.①四… Ⅱ.①李… Ⅲ.①章钰（1864-1937）—
生平事迹 Ⅳ.①K825.42

中国版本图书馆 CIP 数据核字(2018)第 287808 号

出版发行：天津社会科学院出版社
出 版 人：张博
地　　址：天津市南开区迎水道 7 号
邮　　编：300191
电话/传真：(022)23360165（总编室）
　　　　　　(022)23075303（发行科）
网　　址：www.tass-tj.org.cn
印　　刷：永清县晔盛亚胶印有限公司

开　　本：880×1230 毫米　1/32
印　　张：7.25
字　　数：161 千字
版　　次：2018 年 12 月第 1 版　2021 年 5 月第 2 次印刷
定　　价：68.00 元

代序:章式之寓津心曲发微

杨传庆

　　辛亥鼎革后,天津成为清廷遗老的寓居之地,在侨津的众多名流之中,章钰(1865—1937)是颇有影响的一位。章钰,江苏长洲(今苏州)人,字式之,别署坚孟、茗理、蛰存、长孺、悫闇、负翁、曙戒学人、晦翁、老式、北池逸老、霜根老人等,室名有崇礼堂、茗理簃、不斗斋、算鹤量鲸室、四当斋等。著有《四当斋集》《胡刻通鉴正文校宋记》等。章钰光绪二十九年(1903)进士,宣统元年(1909)随端方入京任职,曾供职于吏部、外务部,充一等秘书,庶务司帮主稿,又兼京师图书馆编修。辛亥革命后,退寓天津,隐于城市,以校书、教书为业,作为主力参与了郭则沄主持的须社唱酬。今人多关注章钰的雠勘与藏书之学,于其作为遗民之心灵则少有论及,故本文试于章氏寓津之心曲略作发微。

一

壬子(1912年)春,章钰作《高阳台》(风雨妒春,为花写怨,壬子春作)一词云:

独自芬芳,无多颜色,怏怏自恋春华。忘却孤根,频年漂泊天涯。韶光九十曾余几,尚更番、作践横加。黯无言、末劫难逃,薄命休嗟。此生已分泥途尽,枉百年作计,泫露烘霞。放眼平林,伤心都涸尘沙。飞香欲诉瑶阊上,奈天公、醉眼麻茶。愿从今、生不逢春,划净萌芽。①

词中遭受摧残的春花无疑就是章钰之自比,国变后飘泊天涯,遭逢劫难,此生已无生机可言,而国势动荡,纷乱不休,国家前途亦晦昧难料。欲诉无门,煎熬难耐,甚有弃生之念。不过章钰最终并未选择放弃生命,痛定思痛之后,他把自己的人生事业放在了校勘图书上,其作《寿内》诗云:

吾生元宰已无望,晚入长安作漫郎。割肉拟为臣朔遗,一年又半忽沧桑。

从此黔娄乞食难,北中兵祸几腾翻。穷鱼惊鸟真滋味,十五年来数不完。

甘从乱世作闲人,杀字雠书老此身。女布男钱多少

①章钰:《四当斋集》,沈云龙主编《近代中国史料丛刊》三编第十八辑,中国台湾文海出版社1999年版,第361页。下文所引章氏诗词不一一注出。

事,赖君事事是躬亲。

故国灭亡,人生无望,又遭兵祸腾翻,乱世之下,章钰决定成为"闲人",逃隐于世,"杀字雠书老此身"。

章钰侨寄津门,初居天津南市广益大街南头路西,后移居河北宇纬路宇泰里,以校理古书为日课。他将书斋命名为"四当斋",其意兼取宋尤袤、明胡元瑞之说,章氏好友夏孙桐《瑞鹤仙·题章式之四当斋勘书图》小序云:"饥读之以当肉,寒读之以当裘,孤寂读之以当友朋,幽忧读之以当金石琴瑟,宋尤袤之语也。饥以当食,渴以当饮,诵之可以当韶濩,览之可以当夷施,明胡元瑞语也。皆藏书家故实,式之取以名斋。"①"四当"之名表明章钰屏绝尘世,终日与书为伴之心念。然而,人可为"闲人",心却不能为"闲心",夏敬观词中言章钰勘书有句云"几寒虫声咽,春锄心苦","任虞渊残景,津桥余恨,尽入零缣剩蠹。""虞渊"传说中乃日沉之渊,此指清廷之灭亡。章钰如同待鱼之"春锄",身虽在江湖,而其心充满苦恨,只能以勘书来托寄哀情,故章氏致好友缪荃孙札中云:"忍泪看天,借书遣日"。②

章钰对辛亥鼎革之后,图书文物之烬毁尤为痛心。其致缪荃孙札中云:

前闻龙潭别馆及浙中文澜之藏均付劫灰,为之罢饭。

①夏孙桐:《悔龛词》,朱祖谋辑《沧海遗音集》,1934年刻本。
②顾廷龙校阅《艺风堂友朋书札》(下),《中华文史论丛》(增刊),上海古籍出版社1981年版,第595页。

近知传说之过,始觉释然。向者极恶旧本出洋之举,以近来情状论之,则知衮衮群流无此福命,食文明之馀泽。而冥冥之中,先圣诸贤亦欲去此故都,择地而蹈,天实为之,谓之何哉![1]

　　承示南中近状,斯文扫地,劫运使然,幸烬馀为同好所搜罗,或亦有物以阴相之耶? 忠敏被戕以后,迄无归元消息。京寓无恙,收藏谅无散失。[2]

辛亥之后,国家动荡纷乱,文物典籍陷入浩劫,章钰甚至改变了对中国图书出洋的态度,由憎恶转为支持,其对"衮衮群流"毁坏斯文充满悲愤。所以他将黍离之悲化为收藏著述的动力,分外关心乱劫之中文物图籍之命运。章钰有题书画诗词颇多,词中如《金缕曲》(题皋兰吴柳堂侍御罔极编册)小序云此册"于宣统辛亥兵变失之,今归浙人姚某",词下片云:"修罗劫到俄亡失。料已归、秦坑楚焰,不堪寻觅。家国伤心无限事,谁补庚申日历。喜还入、云东秘笈。"《莺啼序》题宋王晋卿山水轴一词云:"叹一纸、人间流转,历尽罡风","沉沉家国多少恨,画中人、知亦华胥醒。"诸词将自己的家国之恨与书画之流离颠沛绾合,其于窘困之际勘书著述,珍弆旧籍,自是摆脱忧愁之举,亦有存续国之斯文的苦心。

　　章钰在津门的雠书著述,深得名流敬重,严修有《赋呈章

[1]《艺风堂友朋书札》(下),第587、588页。
[2]《艺风堂友朋书札》(下),第589页。

式之先生》二诗云：

> 荆棘铜驼枉涕零，文章作手等晨星。谁知莽莽京尘
> 里，犹有遗山野史亭。

> 避世无妨隐城市，讐书曾不废辞章。前明遗逸清文
> 苑，三百年间两顾黄。亭林、梨洲、涧薲、荛圃①

在严修看来，章钰不徒作荆棘铜驼之悲，而是将一腔热血
付诸图籍，传续旧典，其行可比易代之际的元好问、顾炎武、黄
宗羲，而其成就则当顾千里与黄丕烈。严修之论高度评定了章
钰之品节与著述。

二

章钰"流寓津门，坐待槁饿"，②尽管得友人傅增湘、吴昌绶
等接济，尚须得一谋生之法。严修久慕章钰学问，故倩其担任
存社主课人。存社由林墨青创立，得严修捐资赞助，采用征文
的方式，鼓励诗文创作以兴起国学。诗文课题在林墨青主办
《广智星期报》上披露。起先每月征文两次，后因经费不足改为
每季征文一次。征文名列前茅者，可获得奖金。章钰还将评选
的优秀文章编为《存社征文选》刊行。章钰主持存社，传播国
学，得到严修的深深钦赏。其《章式之六十寿诗》有云：

---

① 严修：《严范孙先生古近体诗存稿》，1933 年活字排印本。
② 《艺风堂友朋书札》（下），第 589 页。

求之时贤中，舍君更有谁。但以吾邑论，风气待转移。
簪斋越缦后，岁久无师资。喜君旅兹土，经师兼人师。自君
主存社，析疑兼赏奇。膏馥得沾溉，始识文在兹。

津门在张佩纶、李慈铭之后久无师长，章钰主持存社，将
其学泽沾溉津人，传承斯文，转移风气，其功甚大，故严修倡立
崇化学会时，坚请章钰为主讲。

1927年，严修得华世奎、赵元礼襄助，正式筹办动议已久
的崇化学会。经华世奎等多次努力，章钰始允为学会主讲。华
世奎《乙卯三月重游泮水感赋十首》（之十）一诗述及了崇化学
会的立与废，其诗注云：

丁卯之秋，范孙与余约同乡耆立崇化学会，召集学生
讲经课史。先假严氏蟫香馆设讲席，聘长洲章式之主讲。
范孙故后，辗转迁徙，至乙亥秋始将指定之府庙东偏明伦
堂前后一段地基房舍收回，迁入作为会址。先后十年，颇
有成就。丁丑三月，式之逝世，夏间兵事起矣。[①]

崇化学会先后十年，章钰作为主讲全程参与，直至逝世。
不难看出，崇化学会是吻合其心志的一份事业。崇化学会的宗
旨是：延国学之坠绪，衍固有之文化；讲求国学，补学校之不及。
分"义理""考据""词章"三科，以程朱理学、古文经学、桐城派
古文为学习对象。章钰之所以于崇化学会如此投入，原因就在

---

①华世奎：《思闇诗集》，1943年印行，天津人民美术出版社2014年重印。

于学会之旨与其夙志,特别是辛亥后传统文教丧失密切相关。

章钰是主张存古之人,光绪时期,黄彭年任江苏布政使,在吴中建"学古堂",他曾与胡玉缙一同担任学古堂长。辛亥国变之后,章钰致缪荃孙札云:"一姓兴废,本天道之适然。独恨立国五千年,凡夫制度,文为声名,文物所以殊异。夫遐裔而自别于禽兽者,无不颠倒摧毁,随之而尽。瞻仰昊天,穷于呵壁。"①他深感辛亥以来的道德失序,悲愤于名教纲常被摧毁。他认为清朝之亡,其因为"要君者无上,非圣者无法,非孝者无亲",所以强调从"明人伦"着手挽救纲常。②严修《章式之六十寿诗》中云:"君为斯文忧,教我距邪詖。"可见章氏对儒教诗书礼乐之废深忧在心,特别是"五四"之后西学对于中学的"侵蚀"。章钰《寿严范孙侍郎六十》诗中有云:

> 罡风海外来,物论忽然异。谓彼博爱方,雅得大同意。教者猱升木,受者鱼上饵。旦旦作输攻,阳阳立汉帜。充其愿所偿,夺席到洙泗。……堂堂严夫子,人师挺幽冀。凤肩教育任,广大更诚挚。一言为群宗,一动为群企。名教赖担当,风会赖鼓吹。……愿如韩昌黎,卫道觉群寐。愿如刘念台,证人醒众醉。愿如廉希宪,正学昌北地。独受孔子戒,以正邪与詖。

西学兴起,传统儒教的丧失让章钰颇感忧虑,他把"卫道"

---

①《艺风堂友朋书札》(下),第587、588页。
②《四当斋集》卷五,《手写孝经题词》,第16页。

的希望寄托在严修这样在教育界有影响力的人物身上，向往名教的恢复。可以说，严修晚年创立的崇化学会，与章钰等于国学之默化倡导不无关联。在挽救名教伦理这一点上，章钰与挚友华世奎志同道合。华世奎诗有云"国纲一坠人心坏，群趋炎热逐羶腺"（《寿高彤皆同年凌雯六十》），"礼乐诗书久弁髦"（《李君仲平屡有书来属题所藏曾左诸公手札报以三绝句》），"名教纲常委劫尘"（《寿陈筱石夔龙制军七十四首》之四），其于世道凌夷之时痛心纲常沦丧与章钰完全一致，这也是二人作为忠贞的清遗民积极参与崇化学会的重要思想基础。学会的宗旨和教学内容合乎章、华这样的清廷遗民回归传统文教的诉求。

　　章钰在华世奎七十生日时曾作《天津华壁臣阁丞七十岁赠言》一文，其文中对华世奎的褒美之笔，即可看作章氏的自我坚守之处。章钰在《赠言》中赞美华氏的"平生大节"，说华氏"克承家法，而为有清一代读书人少少留面目"，即华世奎是鼎革之后清遗民的楷模。其因在于华氏"克承家法"，所谓"家法"即指华氏对传统纲常的坚持，章钰说："钰尝读君所述封光禄公遗训矣，大致斥灭伦荡纪之辈，而归本于纲常名教不能不丽诸人。"章钰深深赞赏华世奎在国变后对名教伦纪的笃守与弘扬，故称其"于物为硕果，于地为砥柱，于天为启明"，"岿然推畿南遗献之宗"。①章钰言"一姓之兴废，本天道之适然。"则其

----

① 章钰：《四当斋集》，第 285 页。

作为遗民的忠贞已非仅仅为爱新觉罗一姓，而是在斯文坠地之时对传统文教的固守。

三

章钰居津期间，专研经史之外，亦不废吟咏，特别是积极参与了郭则沄主持的遗民词社——须社（1928—1931年）。张尔田在《章式之先生传》中说："身既隐矣，绝口不挂世事，小雅匪风之思，宗周彼稷之痛，时时于诗篇中微发之。"又云："间赋小词，含思绵眇，读之慨然想见其为人。"①章钰的孤寂、幽忧之心灵世界在其诗词创作中有着生动地记录。

1935年，章钰将所撰诗、文、词厘定为《四当斋集》，"故手定之稿，淘汰倍至"②其云："应课之作，不应存；卖文与入幕、坐曹诸草，则非出本心者，亦概从弃删"，③故就词而言，《四当斋集》仅存一百一十余阕，并非其全部词作。须社结集《烟沽渔唱》共收章钰词59阕，实则其百次社集中参与了94次，词作不止此数。④

①张尔田：《先师章式之先生传》，见顾廷龙《章氏四当斋藏书目》，北京图书馆出版社2007年版，第7、8页。
②叶景葵：《叶景葵杂著·卷盦书跋·四当斋集》，上海古籍出版社1986年版，第153页。
③《四当斋集》目录后章氏之记，《四当斋集》第40页。
④章钰：《百字令》（须社百集，题填词图）一词注云"百集中钰所作凡九十四阕"，《四当斋集》，第394页。

　　章钰早岁在苏州即与名流陈如升、张尚龢、夏孙桐、吴昌
绶等以词唱酬,不过其作词巅峰无疑是居津期间。披览章钰寓
津所作, 故国之悲、时局之忧与乡关之思是其词情的核心情
感。章钰感慨国变,追念故国的词作颇多,今以《百字令》(柳墅
感旧)为例:

> 蜃台鲛市,埽翠华驻处,荒荒无迹。一角平林兼浅渚,
> 并少官人闲说。云寺颁香,海楼阅武,坏劫今何日。白头吟
> 望,旧时杨柳颜色。休溯玉辇宸游,銮迎醑赐,盛典光千
> 叶。刚痛铜驼荆棘里,又痛龙年蛇月(指东陵事。年月用宋
> 人"犬之年羊之月,霹雳一声天地裂"旧体。)。那觅新亭,
> 权呼汐社,来踏啼鹃血。沽潮起落,料知终古呜咽。

　　柳墅为乾隆皇帝在津行宫,章钰与词友追寻旧迹,感发为
词。当年辉煌盛迹已成一片荒芜,繁华已去,思及国家灭亡与
今日坏劫,不能不下泪痛悼。特别是军阀孙殿英盗掘清东陵,
对章钰这样的遗民来说,不啻晴天霹雳。"那觅新亭",可见深
知恢复无望;"权呼汐社",则表明面对如此江山,惟有效仿汐
社先贤,如谢翱、林景熙、方凤等忠于故国的节烈之行。表达这
类忠于故国情感之词以《金缕曲》(寒鸦)和《满江红》(咏忠樟)
最为典型,《金缕曲》(寒鸦)云:

> 何处昭阳殿。叹年年、为天磨折,霜铤风箭。也识玉颜
> 人已去,尚自故林凄恋。曾不见、闹春莺燕。替诉同群栖托
> 苦,祗哑哑、心事教谁辨。恶声报,听人便。九霄鸾鹤翱翔

惯。到而今、一般潦倒，伤心劫换。怪煞儿童涂抹易，狼藉墨痕成片。剩终古、垂杨相伴。到处雪装银世界，爱羽毛、守黑知难变。凤随我，亦非愿。

章钰在这首词中把自己比作"寒鸦"，"故林凄恋"见其眷恋旧朝之心；"闹春莺燕"指国变后为名利改换门庭者，对这些人词人不屑为伍；"恶声报"见其不惮世俗毁恶；"九霄鸾鹤"指当年飞黄腾达者，如今也成"潦倒"之人，只是他们任人涂抹，声名狼藉。"雪装银世界"指世道已变，自己与之已格格不入，但是仍然爱惜自己的"羽毛"，守住本色，忠贞之志永不变异。《满江红》(咏忠樟) 一词是须社第四十九集之社作，小序云："杭州南高峰法相寺前古樟。纯庙南巡，累经题赏，辛亥逊位诏下，忽一夕而枯。士夫以忠樟谥之。"这次社集的目的就是为了讴歌樟树之"忠贞节烈"，章钰在词中说："旧巢坍，真香灭。人谁顾，僧能说。尚空山搘拄，托鹃啼血。只愿心灰炎井火，定嫌干挂秦时月。"再次剖白心迹，自己要像忠樟一样忠正节烈。

章钰忠于故国，但对于溥仪与日人相谋赴东北成立满洲国却充满愁虑，其《天津张园海棠和胡惜仲同年》一诗云：

> 东风消息问天涯，一朵红云艳莫加。安稳仍栖同命鸟，高华自压隔枝花。忍言冰雪前番劫，信是神仙到处家。
> 照海倚云知有待，漫愁国色涴尘沙。

胡惜仲，即胡嗣瑗，坚定的复辟者。1917 年参与张勋复辟，出任内阁左臣，1922 年溥仪赏其"紫禁城内骑马"，1925 年溥仪命其为天津"行在办事处"顾问兼摄总务,支持溥仪与日人图谋合作,后任满洲国执政府秘书处长。章钰这首诗作于溥仪在津居住过的张园,时溥仪已赴东北,成立满洲国。诗中尽是悲观之语,"东风消息"句指溥仪至东北一事,"高华"一句暗示溥仪所立满洲国自然会被日本人左右,成为傀儡政权;"漫愁国色溷尘沙"一句表达了对国家未来可能走向混乱的深深不安。

章钰杜门雠书,并非忘却尘世,乱离时局时时叩击其心,其致缪荃孙札云:

> "四当"二字,系兼取宋尤延之、明胡元瑞遗说。尚恨尤所谓饥当肉,寒当裘,孤寂当友朋,幽忧当金石琴瑟;胡所谓饥当食,渴当饮,诵之当韶濩,览之当夷施之外,乱离不能当桃源耳。①

其札中多次言及动乱,如云"时局如此,吾辈草间苟活之计,亦恐靠不住,可胜浩叹。"②"时代煞是可怜,颇望实践国利民福之标帜,则虽浮湛井里,与佣保杂作,亦所甘心。长此梦梦,祸未知其终极也。"③"惟默揣大局,必有溃决之时,乐土何方,姑以苟安为得计。"④其《湘月》(八月十四夕集冰丝厂,依白

---

① 《艺风堂友朋书札》(下),第 592 页。
② 《艺风堂友朋书札》(下),第 594 页。
③ 《艺风堂友朋书札》(下),第 587、588 页。
④ 《艺风堂友朋书札》(下),第 588 页。

石体并韵)云："破碎山河，高寒殿宇，望断澄清信。"《玲珑四犯》(夏夜听雨)云："是万方、并做愁泪，休信甲兵今洗。"辛亥之后，军阀割据，山河破碎，民不聊生，欣欣向荣遥不可及。其《菩萨蛮》(社集拈坡公岁暮三咏为题)词云：

> 新年欲守如何守，团栾坐数银壶漏。消息问春风，有谁心事同。回悲兼往昔，今夕知何夕。第一祝销兵，焚香天未明。

在章钰眼中，今日时局比辛亥之前更加糟糕，所以新年守岁第一心愿即是渴望兵燹结束，国家安宁。这种对时局动荡的忧愁在其《谒天津李文忠公祠堂》中也有清晰呈现：

> 丞相祠堂倚急湍，风尘凭吊剧悲酸。世当奇变烦筹笔，天以纯忠定盖棺。一代遂嗟元老尽，九京应痛替人难。茫茫大局今何似，多恐云霄未忍看。

李鸿章为官驻津最久，对于挽救清廷衰颓竭尽心力，章钰称李鸿章为"纯忠"，极其钦敬其于国家之功。然而"元老"凋尽，国之危局无人撑持，章氏对李鸿章的缅怀以及对后继无人的悲叹，都表明其于辛亥之后国家危乱的悲忧之心。

时局动荡，客居异乡，章钰深感侨寓的孤独，他在给缪荃孙的信中说自己"孤寄海滨"，"漂泊异乡，穷居无俚"，[1]故其晚年词作集中表达了故园之思。如《点绛唇》(八里台观荷，和林子有)云："抛却烟波，岁岁津桥住。横塘路，梦中归去。"《买陂

---

[1]《艺风堂友朋书札》(下)，第591、595页。

塘》(秋水)云:"江南梦,报道松陵莳渚","津桥倦旅"。《龙山会》(己巳重九,云在山房小集)云:"依然是、异客异乡多少。"《探芳信》(庚午清明林子有招飞翠轩看杏花):"长安十里游踪倦","酒旗大好江南路,撩我乡心迥"。《买陂塘》(闰枝属题光绪乙未山塘秋泛图,步韵)云:"浮生竟坐流离老。"《蓦山溪》(辛未重九即事)云:"异乡异客,随例约登高","故园丛菊,料已抛荒尽。路指小苏州,为问讯、南湖花隐"。流离异乡,章钰时时梦着江南苏州,浮生他乡老,令其不禁伤悲。章钰最终客死北平,此生再也未能回到故乡。

张尔田《章式之先生传》云:"徒以运轭阳九,甘自埋晦,不欲大修襮于人,人而方闻亮节,屹然为清末一代宗匠。""遗命以故国衣冠服敛。呜呼!可以知先生之志矣。"[1]诚如张氏所言,章钰辛亥后杜门著述,"甘自埋晦",保存了清遗民之"亮节"。由其自号"霜根老人"及书斋"蛰存斋""崇礼堂"之命名,也可见其忠于故国,忠于传统名教之心。而从其晚年所镌"草心花泪""别有伤心无数""江南老教书人""如今记忆江南乐"等印章,更见其忧心时局,思念乡关之心迹。

---

①张尔田:《先师章式之先生传》,见顾廷龙《章氏四当斋藏书目》,第8页。

前言：我所了解的章式之先生

李炳德

藏书，是城市文化的重要标志。论及天津近代的藏书家，人们常常举出李盛铎、陶湘、任振采、梁启超、周叔弢等人，却忽略了章式之先生。其实，章先生是一位很有特色的藏书家。伦明在《辛亥以来藏书纪事诗》中，曾赞颂过章先生；苏精的《近代藏书三十家》将"章钰四当斋"列于其中；郑伟章的《文献家通考》也对章先生作了介绍。这些足以说明章先生在中国近代藏书文化中的地位。

章钰（1865—1937），字式之，别署坚孟、茗理、蛰存、负翁、晦翁、长孺、曙戒学人、老式、北池逸老、霜根老人等。室名永思堂、崇礼堂、不斗斋、算鹤量鲸室、四当斋、听鹃傯舍等。章先生幼即好学。弱冠中秀才。光绪十五年（1889）中举人。肄业于苏州学古堂，称高才生。后又问业于俞曲园先生。光绪二十九年（1903）中二甲进士，以主事任用，签分刑部湖广清吏司行走。先生报到后即请假回家侍母。江苏巡抚奏准留籍办学。他从创立小学入手,于光绪三十一年(1905)成立初等小学堂 40 所,同时开学。当局以其办学劬劳,保加四品衔。光绪三十二年(1906),先生入两江总督幕府,移家南京。宣统元年(1909),奉外务部调用,充一等秘书,庶务司帮主稿,兼任京师图书馆编修,全眷北上。辛亥革命后,侨居天津,居住在中山路黄纬路求是里、宇纬路宇泰里,一度因避兵祸寄寓英租界三德里,居天津将近二十年。

章先生是著名的版本、目录、校勘学家,也是一位藏书家。先生幼孤,家甚贫,力学十余年,节衣缩食,稍稍购书。其后,又以润笔、膏火、束脩三种收入维持一家人的生活,节用有余,则以购书。十四年中,聚书至两万卷,以后又不断购买、借抄及友朋相赠,藏书数量益增。先生藏书近五十年,四当斋中共收藏 3368 部、72787 卷。由于先生精于金石目录与掌故之学,故所藏以史部与集部为多。其中他手抄手校的有 569 部,近 1.5 万卷,精刻批校以及名家手稿等 380 部,约近 1 万卷,此外的 2400 多部都是普通版本。以一个寒素的读书人而能有如此规模,的确是很不容易的。先生深知自己所藏来之不易,当积书至十二箧时,即借用清人陈鳣藏书印文,在箧面标上"得此书,费辛苦,后之人,其鉴我"十二字,以表明自己惜书之情。先生临终时,遗言将藏书 21596 册寄赠燕京大学图书馆保存,化私为公,惠及无数学子。

章先生是藏书家,但他并不是为藏书而藏书,而是利用自己的藏书和朋友的藏书校勘古籍。自 1912 年至 1915 年，他所校经、史、子、集四部之书数十种，近两千卷。1915 年以后，校史部巨帙如《汉书》《南齐书》《旧五代史》《宋史》《契丹国志》《大金国志》《三朝北盟会编》等，于《资治通鉴》用力尤勤。

司马光所著《资治通鉴》294 卷，是我国著名的编年通史，宋末元初曾经胡三省考注。本书卷帙极繁，历来刊本又多，不免互有出入。先生以胡（克家）刻为底本进行校勘，他先后用校的有傅增湘所藏宋刊《通鉴》百衲本（七种）、严修与张文孚两家所藏涵芬楼影宋本、京师图书馆所藏北宋残本，以及明代孔天胤刊本，另外又参考几种前人的校记。到 1928 年完成校事，在将近三百卷的巨帙中，校出"脱、衍、误、倒"四种情况共七千多处、一万字以上，其中关系史实重大的有五千二百余字。第二年先生编成《胡刻通鉴正文校宋记》三十卷、《附录》三卷印行问世。中华人民共和国成立后，根据清人胡克家翻刻的元刊胡三省注本，把它标点重印出来，供学习历史的人们参考。新标点本在校勘方面，只吸取章先生的成果，把重要校文都收入做注文，加注"章"字，并用方括号括出。"标点《资治通鉴》委员会"在新标点本的出版说明中指出："这样，宋、元、明各本的长处就汇集在一起了。"这是对章先生校勘胡（克家）刻本《通鉴》功绩的恰当评价。章先生的校勘成就足以附于《通鉴》而不朽。

1927 年，章先生接受严范孙、华璧臣、林墨青诸位先生之聘请，担任天津崇化学会主讲，十年之久人才辈出，诱掖后进不遗余力。先生晚年在病情极为严重时,虽久不涉书室,但犹在卧室中设小几评阅崇化学会学员的课卷。于此可见先生诲人不倦之精神。先生一生手不释卷,所用石砚已经磨穿,右手拇指粗于左手。先生是大学问家,但却虚怀若谷。在校读《新五代史》时,于卷五十八末用蓝笔写道:"于步天之学未尝问津,此卷遂不能句读。"在校读《宋史》时,于卷四十八末用朱笔写道:"于天文学从未涉猎,断句多误,奈何!"于卷六十八末用朱笔写道:"此学瞢无所见,故不能断句,惭愧至极!"在卷一百九十八末用朱笔写道:"自是月望日起计校选举(六)、职官(十二)、食货(十四)、兵(十二)四志,得四十四卷,合岁首校七十三卷,本年共得一百十七卷。固由人事繁杂及他笔墨所间,亦无恒心之一证也。全书余二百卷未校,来年必当补过。"先生严于律己、勇于自责的精神令人钦敬。

1936年9月,《四当斋集》清本告成,先生附一小像并附数语云:"信口谭忠孝而遗行实多,终身亲书本而所得几何?造化播弄,光阴刹那,留此面目,不胜自怜而又不禁自诃。"短短数语不正体现出先生"持躬敬慎,恒自警惕"(见章元善等所写《哀启》)的精神吗!先生是一位独具特色的藏书家;先生是经师,更是人师,先生之道德、学问,当永为世人所矜式。

（刊于2010年6月24日《今晚报》）

目　录

上编 读目札记

章式之先生的藏书

——读《章氏四当斋藏书目》札记之一

　　苏精先生《近代藏书三十家》中之《章钰四当斋》和郑伟章先生《文献家通考》中之章钰条，对天津近代藏书家章式之先生藏书事迹言之甚详。近来，我在读顾廷龙先生编写的《章氏四当斋藏书目》(北京图书馆出版社 2007 年 5 月影印本)的过程中，将有关章先生藏书的内容手自摘录，得若干条。现将这些材料分类排比，缀合成文，以窥章先生藏书活动之一斑。

一

　　章先生性喜聚书，在《袁海叟诗集》跋语中他表示："三十年来有敛书之癖，一日不添书，即觉虚度一日。"在《遗箧录》跋语中则云："钰私约：阅一日，必增一册书为不虚度。"正是由于先生一生聚书不辍，因而在将近五十年间，四当斋中共收藏图书 3368 部，72787 卷(一说 72782.5 卷)，21596 册。

先生对乡党老辈的遗文、手笔或旧藏，搜集不遗余力，得书后常笔之于文字。在《归来草堂录》跋语中说："钰于乡党遗文宝如头目，假而迻写，并得证明为山子先生遗物，他日当付之剞劂，为《秋笛三集》之佐证焉。"而于《武侯八门神书》跋语中则云："吴枚庵先生旧藏。此书四库未著录……余于阴阳家言从未究心，因出乡先生遗箧，破例收之。"在收得《姜尧章先生集》后，先生于函签题："潘瘦羊校《姜尧章集》，老辈遗业，后学宜珍视之。"于跋语中云："香禅先生与先师雷深之、倪听松两先生友善，故钰亦得屡亲丰采，清癯多髯，至今显显心目间。著述甚多，《虎邱石刻记》一种，尤有裨吴下掌故。潘文勤所刊《滂喜斋丛书》，先生校订之功为多。久馆庙堂巷汪氏。后起不振，手著及手校各书均归散佚。此《姜白石集》及《范石湖集》，钰皆于冷摊获之。丹黄精审，首尾如一，犹有黄荛圃、顾涧宾诸老风味，极可宝贵。先生又工小篆。平时所用'香禅'及'瘦羊博士'两石印在敝箧中。"在收得有鲍廷博校语的《入蜀记》之后写道："此书得自冷摊，念系老辈手笔，重加装治。遍询同好，均不能审定何人也……始知此六卷点校补证，全出自知不足斋主人，不觉狂喜……或过去诸贤精灵未沫，见我深嗜竺好，时出其生平心力所遗以相付托耶？墨缘书福，窃于穷愁落莫中自为慰藉而已。"先生收得《惟德堂五种》后又写道："冷摊得此，取其为吴中旧事也。"在《淄川薛氏遗书》跋语中写道："钰于天文算法之学夙未究心，此书又无总目，完残均不可知。丙午三月，重其为敷昌龄旧藏，得于故乡旧家。"于《鞠小正》则在函签题："敷槎、楝亭、泖生递藏，今归茗理簃。"先生在自己手抄本《小浮山人所藏词翰录存》跋语中说："右潘功甫所藏当时投赠诗翰……予见其中多知名之人，且与小浮山人往来，皆能遗弃声利有自得之趣，至可宝贵，欲付装治，以资吟讽，先录一过，以作副别。"

先生在收得自己喜爱之书以后，常在函签或跋语中流露出欣喜之情。收得元胡助撰、纯白斋抄本《树艺篇》后，于跋语中写道："胡古愚名助，元太常博士。纯白斋者，其自号也。""此册尚是当时稿本，经江鹤亭、郁泰峰庋藏，岁晚得此，殊可喜也。"收得精抄本《增广笺注简斋诗集》后于跋语中写道："此书仅爱日精庐藏宋刊本"，"此抄本从爱日本影写，真秘笈也"，"右数行审为莫子偲先生手迹，写人是学蝯叟书者。中有刘彦清硃笔校字，极可珍视。"而在清乾隆十一年程鉴刊本、刘履芬手抄补足的《望溪文集》跋语中写道："方氏文为桐城初祖，初刊本难得，补录几半，精整无匹，此四当藏书中甲观也。"在清陶方琦撰《湘麋阁遗诗》《兰当词》跋语中，先生更难掩欣喜之情："同光以来，省试得人以丁卯浙江为最。是科主试为南皮制军，榜中知名者，越中二陶尤啧啧在人口。湘麋经学，已刻入南菁《续经解》，诗词则未见。此两册得于冷摊，欣喜过望。"而在爱日精庐精写本《覆瓿集》和有查初白题诗的钱木庵手稿本《抚云集》两书上，章先生均题有"茗理志喜"字样，可见其对书的挚爱。

二

章先生的藏书中,有一部分为师友所赠。我在读《章氏四当斋藏书目》时,对此做过不够精确的统计,发现所记向先生赠书的师友有五十余人,共赠书七十余部。赠书,体现了师生之间、友朋之间的深厚情谊,略举三例为证。

例一:朱竹石师赠《李卫公文集》二十卷《别集》十卷《外集》四卷《补遗》一卷。

朱之榛字仲蕃,号竹石,浙江平湖人。司吴中藩臬者二十余年。为章式之先生书院肄业师。(见顾廷龙先生按语)

朱竹石先生为什么赠书给自己的弟子呢?章先生在该书跋语中有简要说明:"光绪三十四年春正月,浭阳端忠敏公总制两江,以幕府事见辟。谒别平湖朱竹石师,谓有唐名臣多出记室,李卫公建树尤宏,手持此本见赠,期许甚厚。"这部赠书体现了恩师对弟子的"期许"。

例二:吴伯宛赠《大钱图录》一卷。

吴伯宛为先生挚友,两人情谊深厚。顾廷龙在按语中有具体说明:"吴昌绶字印臣,一字伯宛,号松邻,别号甘遯,所居曰双照楼,浙江仁和人。清光绪丁酉举人,民国司法部秘书。好藏书,又好刻书……为人俶傥不羁,与先生性质虽不同,而交谊之笃数十年如一日。所刊多倩先生精校，尝同辑《尧圃藏书题识》。一瓻通借，往还甚密，故先生书中有吴氏手批者甚多。既殁，先生代其女蕊圆手辑诗文词遗稿，得十卷。"

通过顾先生的介绍，我们可了解章、吴二位先生的"交谊之笃"。而吴伯宛赠《大钱图录》则从另一侧面反映出两人的友谊。该书吴氏手跋云："偶得此《大钱图录》，因以一分奉茗理簃分藏之。子年先生于金石刻外兼耆泉币，是书则其官京曹时搜罗成编以存掌故，尤翔实有裨实用。坚孟名位未可量，异日敭历大农或际议圜法时，出此一为考覆，定当忆及莪献。书此以为息壤，不第志吾两人在菰芦中通书之乐也。"而章先生在跋语中则写出了自己的感受与慨叹："吴伯宛赠本，读书衣识语，汗涔涔下。近因钱荒，当局有广铸铜币之举，其数以一当制钱十，其文则中西合璧。虽同一变通圜法，而风会迁流有莫之为而为者。繙帋怨故纸，触处生感。"

例三：朱彭寿赠《杨忠愍公全集》四卷。

朱彭寿何许人也？他为什么要赠书？顾廷龙先生在按语曾有介绍："朱彭寿字小汀，浙江海盐人。清光绪乙未进士，官典礼院直学士。比年息影旧都，著书自娱，成《寿鑫斋杂记》二十四卷，先生尝为之序。民国二十三年夏，寿鑫斋藏书散售……时值先生古稀诞辰，朱氏即举所藏有与先生同姓名者所刻书为赠。其人萧山籍，字曰梅溪，号虚中。友毛奇龄，好闻忠孝节烈之事。先辑《古名臣遗迹》一卷，又刊此集。志洁行芳，殊可景仰。与先生心志默契,二百廿年先后辉映。朱氏之赠,其意深矣。"而朱氏手札则是更清楚地说明了赠书的意图:"大庆伊迩,弟于诗词素属门外汉,未敢效颦。偶检书籍,觅得旧刻一种,聊备插架之助,真秀才人情也。藏书现均在变卖中,兹独以此种相诒,闻者当讶其奇突,然一观刻书者姓氏,公当为之辀然。此盖袭钱孙之所为而别翻花样者耳。除届日趋堂恭祝外,专此祗请式之仁兄大人台安,弟彭寿顿首。"顾氏按语所谓"同姓名",朱氏手札所谓"刻书者姓氏",指的是什么?指的是朱彭寿所赠之《杨忠愍公全集》,撰者为明杨继盛,而重订者为清萧山章钰。以"同姓名"之书相赠,堪称书林佳话。

上述三例同是赠书且都体现了彼此间的深厚情谊,但仔细体味,就会发现三位赠者的赠书之举所蕴含的深意却各不相同。

三

章先生的藏书中,有不少名家的抄本、稿本,这部分藏书非常珍贵。先谈抄本。

据粗略统计,四当斋藏抄本 211.5 部(两种或三种合为一册的,按一部统计),可分为六类:

1.注明抄写者的室名或别号的;

2.注明抄写者姓名的;

3.注明抄写者年代的；

4.注明抄本国别的；

5.注明抄本所用纸张的；

6.其他。

抄本中最多的是刘履芬写本，有 39.5 部（其中《望溪文集》手写补足将近半部，按半部计）。刘履芬（1827—1879）字彦清，一字泖生，浙江江山人。尝服官吴中，提调苏州书局。与潘钟瑞、顾大昌尤契洽。性嗜书，不能得者手自抄录。身后书散，归潘钟瑞者甚多。潘氏书散，章式之先生收得数十册。

其次是陈如升（同叔）的写本，有 15 部。关于章式之先生与老辈陈如升的交往，顾廷龙先生在《宋椠汉书残本考异》的按语中有介绍："陈如升字同叔，江苏宝山人。为咸同间词家，尤娴目录之学。著《尺云楼词》，刊有《沧江乐府》，以"细雨桃花燕子愁"七字得名。晚年客游吴中，年长先生三十岁，订忘年交。时手写闲冷无传之本相贶，故四当斋所藏陈氏手写本甚多也。"

下面再谈谈稿本。先生藏有稿本 51 部，除本人手稿本 25 部外，其余 26 部多为名家手稿。

谈到稿本，不能不谈《四寸学》。该书为清钱塘张云璈撰，二册。章先生收得之后，请恩师俞曲园先生鉴定，俞先生看后写了跋语，谈到该书的命名，并对内容提出了看法。这段跋语，读来很有趣味。文字不长，现照录于下：

张仲雅先生，乃钱唐乾嘉间老辈也。以孝廉官湖南县令，中年即弃官而归，年逾八十而终。以诗名一时，然其余著述亦甚夥：《简松草堂诗集》外，有《选学胶言》二十卷，《选藻》八卷，《四寸学》六卷，《垂緌录》十卷。盖虽以词章为专家，而经史考订之学亦未始不究心也。此《四寸学》一书尚是写本，未知当年曾付剞劂否？章式之孝廉得之市上，以一王面钱易之而以示余。按《荀子·劝学篇》云："口耳之间则四寸耳，曷足美七尺之躯哉？"《四寸学》之名，必取之此，盖谦言无心得也。其中虽不无习见之说，要其学有根柢，不为无根之游谈，则犹是乾嘉老辈典型，非后来途听道说者所能望也。因书数语而归之式之。如此书尚未有刻本，大可刻之以广其传也。光绪庚子五月，曲园俞樾。

章先生逝世后，先生之子章元善（彦威）因请张尔田（孟劬）为章先生撰传，就以《四寸学》和《史微》两书相赠，借资纪念。张尔田因《四寸学》一书很难得，而又不欲师门遗书分散，于是便将家藏刻本（清道光十一年简松草堂刊本）与稿本互易，并在家藏刻本的书衣上写了手跋："此先高祖仲雅公著，当日曾刻之家塾，粤寇版毁，故传本极希。长洲章式之师藏有稿本。丁丑十月，彦威世兄以师遗书归燕京大学图书馆，而以稿本相赠，余因以此本互易。此虽刻本，然亦海内孤笈矣。先高祖尚有《人事投瓶录》一书，无刻本，见《清吟堂书目》，倘能得之，尤为镇库之宝也。钱塘张尔田记。"

从以上所记,可以看到《四寸学》一书的稿本,竟联系了师生三代、祖孙五代,这不又是一段佳话吗? 章先生收得《四寸学》之后,请恩师俞曲园先生鉴定;章元善又将此书赠给了章先生的弟子张尔田——一部书经过师生三代人之手。《四寸学》的撰者张云璈是张尔田的高祖,而撰者的稿本又展转流传到撰者的玄孙手中。

这里还要谈的是,章元善将《史微》一书赠给张尔田,也是有缘故的。张尔田是《史微》的撰者,章先生藏有此书,对该书评价很高,为此写了跋语:"从吾宗实斋学说推衍而光大之,流略之学遂以上蟠下际,后绝前空。英绝领袖,非吾孟劬,其谁与归! 庚申十月二十六日,坐雪读记。"章元善将有章先生跋语的《史微》赠给撰者留作纪念,不也是很有意义的吗?

附表一：师友赠书

姓　名	书　名	备　注
朱竹石	敬吾心室彝器款识二卷	朱竹石师手赠
	李卫公文集二十卷、别集十卷、外集四卷、补遗一卷	朱竹石师见赠
	高陶堂遗集八卷	竹石先师持赠
刘景韩	师竹轩诗集四卷	刘景韩师手赠
吴梅心	持志塾言二卷	吴梅心师台所赠
邹泳春	范文正忠宣二公全集七十三卷	邹泳春院长持赠
俞曲园	先师俞氏手授副墨不分卷金刚经注二卷	俞师手稿，手授
	春在堂诗编二十三卷	曲园先生赐读
黄彭年	枫林黄氏家乘十种二十三卷	黄贵筑师手赠
刘鼎梅	诗韵辨同不分卷	外叔祖刘鼎梅赠
	覆瓿集六卷	鼎梅外叔祖赠
王道存	贾子次诂十六卷	道存王氏手赠
张诵穆	奇晋斋丛书残本存八种七卷	张诵穆丈所赠
陈同叔	宋椠汉书残本考异不分卷	陈丈同叔所钞赠
	小松园阁杂著二卷	陈丈同叔所赠
	戏鸥居词话一卷	陈同叔钞赠
	智品十三卷	陈同叔先生手赠
	万言书一卷、啸古堂文钞一卷	陈同叔先生手赠
	玉台新咏十卷	陈丈同叔手赠
	山中和白云一卷	陈同叔先生见贻
章寿康	金石录三十卷	宗老硕卿先生校赠
刘雅宾	仰箫楼文集一卷	得之同年向刘雅宾太史乞取者
沈子培	江西诗派韩饶二家集六卷	沈子培尚书寄赠
赵次山	天下一统志九十卷	此日本刊本序，赵次山馆长命胥照录见赠
端　方	洞石老人遗稿六卷	端方赠本，乞代撰序
丁秉衡	清吟阁书目四卷	
王志盦	袁海叟诗集四卷、附录一卷	
	仪礼堂二集文四卷、诗四卷	

姓　名	书　名	备　注
王鞠初	蒙香室赋录二卷	
王润之	三通序一卷	
邓孝先	三唐人集三十四卷	
叶少仲	扶雅堂诗集十四卷	
叶昌炽	邠州石室录三卷	
朱彭寿	杨忠愍公全集四卷	
刘葱石	聚学轩丛书	
	重定金石契不分卷	
	历代钟鼎彝器款识法帖二十卷	
阮惟和	碑传集一百六十四卷	
	随轩金石文字九种存二种不分卷	
吴伯宛	大钱阁录一卷	
	孟东野集十卷	
	酒边集一卷	
陆孟孚	巡城琐记一卷	
陈伯雨	金陵通纪十卷、续纪四卷	
陈汉第	伏庐印影不分卷	
邵　章	半岩庐所著书十种三十五卷	
林志钧	岭雪轩琐记四卷	
罗叔言	汉熹平石经残字集录一卷、补遗一卷	
	汉帖释文考异十卷	
金篯孙	疑年赓录二卷	
金诵清	开有益斋读书志六卷、金石文字一卷、读书续志一卷	
赵止厈	斠补隅录十四卷	
俞堦青	春在堂杂文六编、补遗六卷	
	晋书一百三十卷存载记第二十四至二十七共四卷	元修宋刊本
顾鹤逸	竹崦盦金石目录不分卷	
	竹崦盦石刻目录五卷	
徐积余	金石学录四卷	
翁叕甫	瓶庐诗稿八卷	

姓　名	书　名	备　注
高时显	西泠五布衣遗著三十二卷	
陶　湘	楚国文宪公雪楼程先生文集三十卷、年谱一卷、附录一卷	
黄平如	远村印谱一卷	
章一山	一山文存十二卷	
章太炎	春秋左氏读九卷、叙录一卷	
蒋伯斧	古清凉传二卷、广清凉传三卷	
	续清凉传二卷、补陀洛伽山传一卷	
	纬学源流兴废考三卷	
缪荃孙	宋南渡十将传十卷	
	竹汀日记一卷	
	河南志四卷	
	艺风堂文别存辛壬稿一卷	
潘仲武	扬州画舫录十八卷	
魏仲良	冬心先生杂著一卷，附随笔一卷	
斐　菴	经刻续编第五卷一卷	
鹤　庐	通鉴校勘记宋本五卷、元本二卷	

附表二：钞本

类　　别	数量(部)	备　注
通志堂钞本	1	
经训堂钞本	1	
拜经楼钞本	1	
吴江爱氏蜨园黑格钞本	1	
蜨园钞本	1	
吟雪山房钞本	5	
纯白斋钞本	1	
环碧山房写本	1	
锄月种梅馆钞本	1	
天尺楼钞本	1	
长洲顾氏艺海楼写本	1	
诵芬室钞本	1	
群碧楼钞本	1	
徐氏积学斋钞本	1	
长洲章氏算鹤量鲸室钞本	25	
刘覆芬写本	39.5	《望溪文集》手钞补足将近半部
陈如升写本	15	
常熟丁氏钞本	2	
吴昌绶写本	1	
陈倬写本	1	
宗氏手写本	1	
胡希周写本	1	
施礼耕写本	1	
顾鹤逸钞本	1	
翁方纲写本	1	
缪荃孙钞本	2	
潘祖年写本	1	
劈劈钞本	1	
章钰手写、手钞本	23	
长洲章氏写本、钞本	15	
乾隆老辈钞本	1	
清同治间钞本	1	
日本旧钞本	1	
明蓝格钞本	1	

续表

类　别	数量(部)	备　注
红格钞本	2	
黑格钞本	2	
精钞本	4	
精写本	3	
旧钞本	12	
旧写本	2	
钞本	34	
小　计	211.5	其中一种为"手钞",但未注明钞者

附表三：各家手稿本、稿本

书　名	作　者	备　注
莬圃刻书题识目一卷	吴昌绶编	手稿本
补樵书不分卷附补目	清董说撰	手稿本
抚云集九卷	清钱良择撰	手稿本
胡菊圃残稿一卷	清胡重撰	手稿本
逸书事纬一卷	清汪宗沂撰	手稿本
逸礼定论五卷、附录一卷	清汪宗沂撰	手稿本
广轮杂记一卷	俞陛云撰	手稿本
拟国史艺文志稿一卷	缪荃孙编	手稿本
虎邱访碑偶记一卷	高德馨撰	手稿本
金刚经注二卷	清俞樾撰	手稿本
楚些吟四卷、目录一卷	清叶闇撰	手稿本
是底言三卷、附目录一卷	清叶闇撰	手稿本
清籁阁文集一卷、骈体丛稿一卷、诗一卷、试帖诗一卷附、半升诗钞一卷	清褚逢椿撰 附清秦玠撰	手稿本
陆定圃先生未刻稿冷庐诗钞一卷、感旧诗一卷、集兰亭序诗一卷	清陆以湉撰	手稿本
万言诗一卷、啸古堂文钞一卷	清蒋敦复撰	手稿本
山中和白云一卷	清蒋敦复撰	手稿本
病榻怀人诗一卷、续一卷	清陈如升撰	手稿本
陈同老选诗不分卷	清陈如升编	手稿本
近词补录一卷	清陈如升编	手稿本
仪郑堂诗文残稿十卷	清曹埰撰	稿本
陶楼文钞十四卷	清黄彭年撰 章钰、高德馨编	稿本
诗韵辨同不分卷	阙名撰	稿本
司马温公年谱八卷、卷后一卷、遗事一卷	清顾栋高撰	稿本
金石书目二卷	缪荃孙编	稿本
四寸学六卷	清张云璈撰	稿本
甘翁诗草二卷	清雷浚撰	稿本
小　计	26	

附表四：章式之先生手稿本

书　名	作　者	备　注
胡刻通鉴正文校宋记三十卷、附录三卷	章钰撰	手定稿本
胡刻通鉴正文校宋记三十卷、附录三卷	章钰撰	清稿本
胡刻通鉴正文校宋记附录三卷	章钰撰	第一稿本
胡刻通鉴正文校宋记述略一卷	章钰撰	第一手稿本
胡刻通鉴正文校宋记述略一卷	章钰撰	第二手稿本
胡刻通鉴正文校宋记述略一卷	章钰撰	第三手稿本
校宋本通鉴记数一卷	章钰撰	第一手稿本
校宋本通鉴记数一卷	章钰撰	第二手稿本
胡刻通鉴正文校宋记卷一一卷	章钰撰	手稿本
瞿木夫年谱节本未成稿一卷	章钰编	手稿本
徐籀庄先生年谱节本一卷	清徐世燕撰 章钰编	手稿本
湖海词评阅人名一卷	章钰编	手稿本
章氏科名辑一卷	章钰编	手稿本
黑鞑事略校记一卷	章钰撰	手稿本
读书敏求记校证四卷、卷首一卷	清管庭芬撰 章钰补	第一手写稿本
读书敏求记校证四卷、佚文一卷、序跋题记一卷、附录一卷、补目一卷、补遗第一稿一卷、补辑类记初稿一卷、修正稿一卷、三稿一卷、据校各本略目修正稿一卷	清管庭芬撰 章钰补	第二手写稿本
读书敏求记校证四卷、总目一卷、补辑类记一卷、据校各本略目一卷、补目一卷、佚文一卷、序跋题记一卷、附录一卷、补遗第二稿一卷、第三稿一卷	清管庭芬撰 章钰补	第三手写稿本
读书敏求记校证四卷、补辑类记一卷、据校各本略目一卷、补目一卷、佚文一卷、序跋题记一卷、附录一卷、校证补遗一卷	清管庭芬撰 章钰补	清稿本
茺圃藏书题识草目一卷	章钰编	手稿本
茺圃藏书题识目一卷	章钰编	手稿本

续表

书　名	作　者	备　注
荛圃藏书题识目一卷	吴昌绶、章钰编	章钰与吴昌绶手写稿本
荛圃藏书题识新编本二卷	章钰编	手写稿本
荛圃藏书题识新辑底本一卷	章钰编	手写稿本
荛圃藏书题识新辑底本一卷	缪荃孙、章钰、吴昌绶编	稿本
荛圃藏书题识十卷	缪荃孙、章钰、吴昌绶编	定稿本
小　计	25	

章式之先生的校书

——读《章氏四当斋藏书目》札记之二

　　章式之先生不仅是近代著名的藏书家,而且是成就卓著、有功学林的校雠家。先生早年即开始校书,至民国元年,手校之书已达六百卷;到民国十年左右,积至四五千卷;一生所手校手抄合计达一万五千卷。顾廷龙编纂《章氏四当斋藏书目》,对先生所校之书均有说明。经统计,其中注明用笔颜色(包括用一色笔至五色笔、七色笔)的89部,注明"校""手校""签校""批校""校读""校注""校点""校定""校补""传校"的129部,注明"手批""手注""批点""批注""签注"的69部,注明"圈点""句读"的27部,共计314部。

一

　　章先生校书用力最深、成就最大的是《资治通鉴》(下文简称《通鉴》)和《读书敏求记》。

司马光所著《资治通鉴》二百九十四卷,是我国著名的编年体通史,经宋末元初胡三省音注。该书卷帙极繁,历来刊本又多,不免互有出入。先生以胡(克家)刻为底本进行校勘,先后用来校勘的有傅增湘所藏宋刊《通鉴》百衲本(七种),严修与张文孚两家所藏涵芬楼影宋本,京师图书馆所藏北宋残本,以及明代孔天胤刊本,另外又参考了几种前人校记,到1928年完成校事。在将近三百卷的巨帙中,校出"脱、衍、误、倒"四种情况共七千多处,一万字以上,其中关系史实重大的有五千二百余字。先生编成《胡刻通鉴正文校宋记》三十卷、《附录》三卷,于1931年刊行。中华人民共和国成立后,根据清人胡克家翻刻的元刊胡三省注本,将它标点重印出来,供学习研究历史的人们参考。新标点本在校勘方面,只吸取章先生的校勘成果,把重要校文都收入作为注文,加注"章"字,并用方括号括出。"标点《资治通鉴》委员会"在新标点本的出版说明中指出:"这样,宋、元、明各本的长处就汇集在一起了。"这是对章先生校勘胡(克家)刻本《通鉴》功绩的恰当评价。章先生的校勘成就足以附于《通鉴》而不朽。

《读书敏求记》四卷是清初常熟藏书家钱曾(遵王)的著作,他就"也是园"与"述古堂"中精善本的授受源流、版刻异同撰成《读书敏求记》,成为目录学入门的必读书之一。章先生以管庭芬手校《读书敏求记》为主,参考了朱彝尊、赵孟升、吴焯、吴骞、黄丕烈、陈鳣等二十八种刊本、抄本、校本、评本的校勘、考证成果,又就各朝史志和公私藏目加以考订,历时将近二十年,撰成《读书敏求记校证》,于 1926 刊行,达二十四万余言,补遗不计在内。此书问世以后,立即得到广泛好评。傅增湘称章氏之书"视原书增大三倍,洋洋大观,考证极为精详,为必传之作。此书既出,清初以来诸本均可束置不观矣。"章先生友人张双南也说:"此本一出,旧本可废。"顾廷龙在跋语中说:"研究版本目录之学,向必从遵王《读书敏求记》入门,故经乾隆以来诸家之校注者甚夥。近得式丈荟萃一编,成此《校证》为学者不可不读之书也。比见吾校图书馆藏有高世异(尚同)手录各家批校本,间有自记者,因取丈赠本对雠,则大都已入《校证》矣。"通过上述各家所谈,可见《校证》之价值。

章先生校《南齐书》也有很大收获,他说:"襄借江安傅沅叔藏宋眉山七史之《南齐书》补出嘉靖印本已缺四页中之二页,曾以读书有福,诧于朋友。"校《宋史》收获更大,先生说:"此本与陆氏本处处符合,为元刻本无疑。卢抱经先生校元刊,补出南雍本脱文《孝宗纪》一页,载入《群书拾补》。钰全部以浙局点校,复得卷二百九十二《田况传》脱文一条,计四百字,为卢氏未经校出者,武英殿本亦同缺,为此本最可珍贵处。其他脱误,每卷以二十字计之,将近万字矣。"(引文均见《章氏四当斋藏书目》第 68 页,北京图书馆出版社 2007 年 5 月。以下凡引该书,只注页数,书名从略)郑伟章在《文献家通考·章钰》中说:"笔者见其《四当斋读书札录》五册,为校勘《宋史》笔记,以光绪六年浙江书局刊本为底本,二色笔校,蓝笔过录,朱笔记校洪武本之异处。逐卷、逐页、逐行、逐字细勘,校于辛亥之前。此书可为读《宋史》者之助。"

先生所校之书甚多,其他如《旧五代史》《大金国志》《契丹国志》《三朝北盟会编》等,丹黄丛杂,多未写定,刊行者唯《胡刻通鉴正文校宋记》《读书敏求记校证》二书而已。

先生校书所付出的辛劳之大,是人们难以想象的,仅从《章氏四当斋藏书目》所列《胡刻通鉴正文校宋记》《读书敏求记校证》两书的所校之本和稿本,就可以窥见一斑了。现依次列举如下:

《资治通鉴》二百九十四卷附《释文辨误》十二卷 宋涑水司马光撰 元天台胡三省音注 清嘉庆二十一年鄱阳胡克家仿元刊本 一百册 四色笔校并签记(第 70 页)

《胡刻通鉴正文校宋记》卷一一卷 长洲章钰撰 手稿本一册(第 143 页)

《胡刻通鉴正文校宋记附录》三卷 长洲章钰撰 第一稿本六册(第 142 页)

《胡刻通鉴正文校宋记》三十卷《附录》三卷 长洲章钰撰手定稿本 十四册 有胡玉缙校语(第 142 页)

《胡刻通鉴正文校宋记》三十卷《附录》三卷 长洲章钰撰清稿本 十四册(第 142 页)

《胡刻宋鉴正文校宋记述略》一卷 长洲章钰撰 第一手稿

本 一册(第 143 页)

《胡刻宋鉴正文校宋记述略》一卷 长洲章钰撰 第二手稿
本 一册(第 143 页)

《胡刻宋鉴正文校宋记述略》一卷 长洲章钰撰 第三手稿
本 一册(第 143 页)

《胡刻宋鉴正文校宋记述略》一卷 长洲章钰撰 民国十八
年排印本 一册 手加修正本(第 143 页)

《校宋本通鉴记数》一卷 长洲章钰撰 第一手稿本 一册
(第 143 页)

《校宋本通鉴记数》一卷 长洲章钰撰 第二手稿本 一册
(第 143 页)

《读书敏求记》四卷 清虞山钱曾撰 清乾隆十年吴兴赵氏
重刊本 四册 七色笔校本(第 172 页)

《读书敏求记校证补辑类记》一卷 长洲章钰撰 民国十三
年排印本 一册 手加改定(第 178 页)

《读书敏求记校证》四卷《卷首》一卷 清海宁管庭芬撰 长
洲章钰补 第一手写稿本 八册(第 178 页)

《读书敏求记校证》四卷《佚文》一卷《序跋题记》一卷《附
录》一卷《补目》一卷《补遗第一稿》一卷《补辑类记初稿》一卷
《修正稿》一卷《三稿》一卷《据校各本略目修正稿》一卷 清海
宁管庭芬撰 长洲章钰补 第二手写稿本 十四册(第 178 页)

《读书敏求记校证》四卷《总目》一卷《补辑类记》一卷《据

校各本略目》一卷《补目》一卷《佚文》一卷《序跋题记》一卷《附录》一卷《补遗第二稿》一卷《第三稿》一卷 清海宁管庭芬撰 长洲章钰补 第三手写稿本 二十册(第178页)

《读书敏求记校证》四卷《补辑类记》一卷《据校各本略目》一卷《补目》一卷《佚文》一卷《序跋题记》一卷《附录》一卷《校证补遗》一卷 清海宁管庭芬撰 长洲章钰补 清稿本 十七册(第178页)

以上所列17部书,不包括"四色笔校并签记""七色笔校本",也不包括"手加修正本""手加改定",只是"稿本"就多达99册,试想这该付出多少心血!

二

顾廷龙在《章氏四当斋书目》跋文中说,章先生"凡治一书必贯首尾,点勘多至六七周不倦,即数百卷之巨帙,不止一种,而亦校不一次"。这的确是章先生校书的特点。先生校书,必广集众本,多次校勘。在《读书敏求记据校各本略目》中列出据校之本达29种,其中"所据邓(正盦)本"16种,"据邓本外各刊校本"12种;此外,《校证补遗》又列出1种。校一书而据如此众多之本,校出之书其价值自然是"此本一出,旧本可废"。

广集众本、多次校勘的例子很多,现举六例如下:

例一:《列子》八卷 周郑人列御寇撰 晋张湛注 清光绪二

年浙江书局覆明世德堂刊本 二册 全书朱墨笔校读

跋云:《列子》本文据江都秦氏卢注本校读。据铁花馆景宋本重校。据湖海刻汪继培校本三校。凡在行中用墨笔者皆据《群书拾补》校改。俞先师说及孙诒让说,系新阳汪鼎臣家玉检补,钰所照录。(第 243 页)

例二:《大金国志》四十卷 宋淮西宇文懋昭撰 清嘉庆二年扫叶山房刊本 四册 全书三色笔校

跋云:据海丰吴氏藏十一行二十二字旧抄本一校。据江安傅氏藏明抄蓝格本(云出天一阁)再校。据海丰吴氏藏五砚楼抄校本三校。据上虞罗氏藏读画斋校抄本四校。(第 148 页)

例三:《笠泽丛书》四卷《补遗》一卷《续补遗》一卷 唐甫里陆龟蒙撰 清光绪间甘泉宣愚公排印本 二册 朱墨蓝笔校

跋云:此刻出碧筠草堂,原本每页十八行,行十八字。朱笔校碧筠草堂刊本。墨笔传戈小莲先生校本。蓝笔传小莲先生子顺卿校蜀刻本旧抄本。(第 255 页)

例四:《东坡七集前集》四十卷《后集》二十卷《内制集》十卷《外制集》三卷《应诏集》十卷《奏议集》十五卷《续集》十二卷附《校记》一卷 宋眉山苏轼撰《校记》江阴缪荃孙撰 清光绪三十四年宝华盦重刊明成化本 四十八册 全书四色笔校

跋云:蝴蝶装残宋本,邓孝先藏……全行照校。《文鉴》明天顺番宋本,亦孝先藏……依类检校。(以上第 258 页)《名臣碑版琬琰集》宋绍熙本,亦孝先藏……按篇照校。《诸儒批点古

文集成》十集共七十六卷……江建霞、费西蠡递藏，今归傅沅
叔，亦按篇照校。《东坡先生和陶渊明诗》四卷……宋刊本，京
师图书馆藏本，沅叔癸丑景写一本，全行照校。残宋本，京师图
书馆藏本，傅沅叔就校，行格、字体与邓孝先藏蝶装本一律，系
从一书分散者……凡朱笔系壬子冬间校，蓝笔系癸丑十一月
中旬校。残宋本《东坡先生后集》……江阴缪艺风得于景朴孙，
沅叔借校，从沅处转借校过，甲寅人日。（以上第 259 页）残抄
明成化本……逐篇照校，从沅叔处借得。丙辰十二月初旬校讫
记。（第 260 页）

例五：《花间集》四卷 后蜀赵崇祚编 明汤显祖评 明万历
四十八年刊《词坛合璧本》二册

跋云：此为老友吴伯宛弱冠以前阅本，至宣统季年乃发兴
景刊宋元本词。此书则用明正德陆元大本。钰曾为之详校，逐
字逐笔无少苟者，百年后当与北宋本等价耳。乙丑闰月。（第
319 页）

例六：《花间集》十卷 后蜀赵崇祚编 民国五年仁和吴氏
双照楼景刊明正德辛巳吴郡陆元大仿宋本 二册

函签题：影明正德陆元大仿宋《花间集》十卷，为双照楼精
校，存此为有志传古者法式。辛酉九月。（第 319 页）

综上六例可以看到，先生校书必广集众本，"点勘多至六
七周不倦"，"不止一种，而亦校不一次"。这样校出之书，自然
能"为传古者法式"，"百年后当与北宋本等价"。

三

今天，我们在读书治学中，乐享先生竭尽心力而取得的校勘成果时，又有多少人知道先生是在怎样的恶劣环境下"详校""精校"的呢？让我们从先生自己的论述中了解一下当时的情况吧。

"自（戊辰四月）望日津步北郊地面益纷扰"，"乱靡有定"。（第84页）

"四月十六日，是日下午津地尤极傀扰，东南城角电网密布矣。今何世也？噫！"（第136页）

"四月十七日，所寓津郊为中外兵锋近接地面，两旬以来居民迁徙相属于道，两日来风声尤紧，即同巷亦一空矣。此心皇皇不自止，惟校书则差能镇定。身世可怜，嗜好可笑，后有读者，其谓我何？"（第137页）

"五月初三日下春，风声愈恶，为之罢饭。"（第138页）

"五月初十日灯下，求是寓墙外四周皆兵也。"（第132页）

"五月二十四日申刻，时正杂居军队喧唱大作时也。"（第122页）

"暑序尚非所惮，而此一季中适为兵哄最剧之会，人伦道尽，几不忍说，所寓四壁皆军队键门。为此生活，后之见此者，必以我为全无心肝者矣。"（第96页）

"最后二十卷,为军锋极吃紧时,寓庐与灰色衣者杂居,前后门皆堵塞。作此冷淡生活,后之人殆目我为无心肝者乎?"(第141页)

以上数则全都出现在先生校《资治通鉴》的校记中。环境如此恶劣,百姓颠沛流离,先生也"此心皇皇不自止",甚至"为之罢饭",但仍然校书不辍。唯其如此,才留下了嘉惠学林的《胡刻通鉴正文校宋记》。

四

也许有人会提出这样的问题:既然环境那样的恶劣,处境那样的艰难,为什么章先生还勤奋不懈地校书呢?我想可以从以下几个方面来回答这个问题。

首先,先生以校书为使命,因而乐此不疲。

先生认为"读书不求善本,则郢书燕说,谬种流传,为学之大蠹。于是发愤编校群书,取宋尤延之饥当肉、寒当衣、孤寂当朋友、幽忧当金石琴瑟语揭所居,曰'四当斋'。日坐其中,丹铅不去手。闻有孤椠异笈,必展转借录。"(张尔田《先师章式之先生传》)正是由于有这种使命感,因而在"此心皇皇不自止"时,"惟校书则差能镇定",在"痔创大作"时,也坚持校书到"讫事"(第99页)。患病以后犹日诣书斋,暮年四肢举动维艰,而校勘之业不辍。

先生校书,每有收获,则喜悦之情必流露于笔端。在校《宋史》卷九十二时写道:"检武英殿本,此页同阙。卢抱经先生校元刊,补《孝宗纪》一页,刊入《群书拾补》。今再补此页,自幸读书福分不让古人也。"(第60页)校《集古录跋尾》写道:"用全集对勘一过,校此本误字若干,极可喜也。"(第189页)校《乐圃徐稿》后写道:"此抄极劣,见康熙刊本校过,所得甚多,极可喜。"(第260页)在《小谟觞馆全集注》跋语中说:"右孙注彭湘涵氏诗文集十八卷,皆胥抄而钰加以点阅也。湘涵氏文笔典实,钰之空陋十不解一。张君仲仁从吴氏转借,陆续付写,如结得欢,喜极无量。"(第286页)

以校书为使命,因校书有得而"喜极无量",固然是先生孜孜矻矻校书不辍的重要原因,而景仰老辈、拳拳服膺、虚怀若谷、自强不息,也是先生能在艰难环境下坚持校书的一个不可忽略的原因。

先生在校《宋史》卷四百五十八之后写道:"张子厚手校数万卷,无一字舛,心仪其人。"(第66页)在《鬼谷子》跋语中说:"刘(笔者按:指刘履芬)抄无一字之讹,劳(笔者按:指劳乃宣昆弟)校无一笔之苟,浙东西老辈精力如此,叹服之至,景仰之至。"(第226页)在《春秋谷梁传注疏》二十卷附《校勘记》二十卷之后写道:"阮氏《校记》此属李尚之,《诗》属顾千里,则我吴老辈致力于此者亦勤矣。"(第23页)先生对清代著名藏书家、校勘家鲍廷博极为景慕,于是为"知不足斋主人渌饮先生遗像"撰写赞语云:"从事校勘与丹铅为缘,而犹署知不足斋之榜以自志其拳拳。呜呼!劬书者众矣,畴则如先生之专!后有来者,一灯谁传?渌饮先生小像,后学长洲章钰谨赞。"(第220页)校《大金国志》时,于《海丰吴氏藏十一行二十二字旧抄本跋》中写道:"先生既藏艺芸《契丹志》,又藏此本及五砚楼本,发箧见视。老辈开牖后学之遗风于今未坠,视昔藏书家以'不借本'署卷尚者,其度量之相越何如也!"(第148页)

先生景仰老辈时贤有如上述,而虚怀若谷更是常人难以企及的。先生实事求是,坦承自己在某些方面的不足,在校记中经常这样说:"钰于天文算法之学夙未究心。"(第217页)"于步天之学未尝问津,此卷遂不能句读。"(第49页)"于天文学从未涉躐,断句多误,奈何!"(第52页)"此学瞢无所见,致不能断句,惭愧至极。"(第53页)"右(笔者按:指《开方之分还原术》)江阴夏孙穤校本并绘图……照录一分,至不能句读,愧汗,愧汗。"(第215页)坦承自己的不足,在校记中写出"惭愧""愧汗",这需要何等的勇气。

先生在点读、校勘过程中总是十分谨慎,唯恐出现讹误。在《宋史》卷四百九十一之末写道:"地名、人名无文义可寻,不免有误断处。"(第67页)于《广川书跋》跋语中写道:"董氏行文诘屈,此刻从毛本出,惧多误字,凡钰点逗,不可信也。"(第218页)对自己未能完全解决的问题,深感遗憾,以至于自责。对《三国志》,先生曾将全书用三色笔批校、句读、补缺并签记,而于校记中却说"癸酉病后详读一过,深恨从前疏略。年已七十,虽欲竭炳烛之明,亦无及矣。"(第31、33页)对《文心雕龙》黄叔琳注,先生认为"原注陋略,凡所注者皆耳目经见之典,稍有生僻便不能注,然则何取乎注耶?"对自己"不能补其缺"感到遗憾。(第315页)先生乙卯年(1915)以朱、墨、蓝三色笔校《论衡》,到"丙寅(1926)复读一过",认为"仍有未能悉解处,误字亦无佳本校改,深以为耻"。(页230)先生自责之深、律己之严,真令人钦佩。先生在校记中不断地鞭策自己,在校《宋史》时便多次说:"本年共得一百十七卷,固由人事烦杂及他笔墨所间,亦无恒心之一证也。全书余二百卷未校,来年必当补过。"(第57页)"憧扰多日,心气大浮,姑以伏案拈笔强制之。"(第61页)"勉力续校,以冀卒业,但不知有恒心否也。"(第62页)

五

　　章先生一生"丹铅不去手","以校书遣日",但是如果你以为他只是一位"两耳不闻天下事"的书生,那便大错特错了。要知道,先生也是时时关心民生疾苦,热切期望国家太平、社会安定的人。

　　先生在校记中记下了当时物价奇昂、气候异常、民不聊生的情况。如:

　　"戊午正月二十日,是日老友高远香自苏来津,为言故乡凋敝,物价奇昂,柴草百斤值八百文,青菜一斤值五十文;农家无卧被者,十家而五,闻之毛戴心悸。""正月二十三日……苏城青菜斤值五十,上海来讯则值百六十矣,闻所未闻也。"(第54页)又如:"雨止,有月色矣。未几而云又合,雷雨彻夜,逮晓未已,知田事必有被其灾者。"(第116页)"戊辰五月二十六日,暑雨多日,昨夕尤霶需至晓,至今未绝,虑有涝患。"(第116-117页)"自十七夕大雷雨后,十八日竟日滴沥,入夜尤甚,至今日午前未已,阴云昏暗,无开晴之望。""天变益可畏矣,为之奈何!"(第117页)从上述文字可以看到,先生关心民生疾苦之情跃然纸上。

1912年1月1日,临时大总统孙中山在南京宣誓就职,宣告中华民国临时政府成立。2月26日,南京临时政府派出之迎接彭世凯专使蔡元培一行抵达天津,翌日晨离津赴京。袁世凯为拒绝南下就临时大总统职,2月29日策动北京兵变。3月2日(农历壬子年正月十四日)晚九时,由京窜津的乱军和驻津兵警二千人,在天津的河北地区和城厢内外烧杀抢掠,直至天明。商民蒙遭洗劫,据统计,被灾铺户达2200家,损失银1212万两以上。史称"壬子兵变"。

当时,先生正居住在天津北郊(即今之河北区中山路一带),因此对"壬子兵变"给百姓带来的深重灾难感受很深,以致多年后仍心有余悸。他在校记中曾这样写道:"戊午正月元宵,傍晚雪止,与友谈壬子正月十四夕津埠焚掠事,但愿吾生之不再见也。"(第53—54页)"戊午正月二十五日晡,闻有兵压境,不知又有何等扰攘也?"(第55页)"晡至市观灯,回忆壬子此夕焚掠事,瞬九年矣,不知何日重见天日也?"(第60页)"改正处均注'壬子'二字,忽忽二十六年矣。当点笔时,庸讵知大局变易如此其极耶?悲从中来,几欲陨涕。"(第254页)

军阀混战,社会动荡不安,先生心系百姓,对自己的处境也感慨万端。"丁巳十二月十七日校……此身所值,无一可濡忍者。人谓我炳烛之明,实不知遣愁御穷,舍此更无他法也。"(第57页)"戊午十二月二十六日灯下校。是夕祀神。桑海馀生,坐甘槁饿,一年容易,来日大难。神之听之,其将何以处我也?"(第56页)"人间何世,举目皆非,以此遣生,非云劬学也。"(第38页)"今浮寄北中,于人伦道尽、民命倒悬之时,以教书谋食,以校书遣生,茇楚苔华未知所届,晨起点笔,真不堪回首也!"(第82页)先生的慨叹,是对当时统治者的谴责,抒写了忧国忧民的情怀,同时也表达了无可奈何之情。

1936年,《四当斋集》清本告成,先生附一小象,并于丙子九月朔日附数语云:"信口谭忠孝而遗行实多,终身亲书本而所得几何?造化翻弄,光阴刹那,留此面目,不胜自怜而又不禁自诃。"短短数语,正体现出先生"持躬敬慎,恒自警惕"(章元善等所写《哀启》)的精神。先生是一位成就卓著、嘉惠学林的校雠家;先生是经师,更是人师。先生之道德学问,当永为世人所矜式。

附表：章式之先生的校书

一、注明用笔颜色的

类　别	见于《藏书目》的页次							小　计
用一色笔校(或朱，或墨，或蓝)	20	26	34	34	36	41	42	41
	42	43	43	43	142	145	146	
	151	152	154	184	209	231	236	
	238	238	239	247	247	248	249	
	252	253	263	265	267	286	302	
	303	310	310	311	316	337		
用两色笔校(或朱墨，或朱蓝，或朱黄，或蓝墨)	21	22	22	23	25	31	50	33
	160	164	179	192	193	207	207	
	210	211	213	224	226	239	240	
	244	250	254	256	257	266	303	
	306	307	308	335	338			
用三色笔校(或朱墨蓝，或朱墨靛)	30	31	38	48	219	229	250	10
	255	280	287					
用四色笔校	70	205	258					3
用五色笔校	278							1
用七色笔校	172							1
共　计								89

二、各种校本

类　　别	见于《藏书目》的页次							小计
校（包括"精校""详校""三校""四校"）	22	23	27	148	157	161	166	39
	166	171	187	194	194	211	212	
	225	227	228	243	244	250	250	
	260	266	269	274	283	296	298	
	302	311	317	317	317	319	319	
	319	320	328	334				
注明"手校"的	34	143	168	181	182	188	188	29
	189	200	201	209	219	287	299	
	304	316	316	316	317	317	317	
	317	317	317	327	328	332	340	
	340							
注明"签校"的	25	186	195	224	241	262	285	14
	298	301	301	301	318	338	449	
注明"批校"的	142	150	187	195	208	209	212	23
	217	235	241	304	315	315	315	
	315	316	320	321	321	324	324	
	333	340						
注明"校读"的	25	206	229	243	243	302		6
注明"校注"的	152	156	156	301				4
注明"校点"的	218	218	227	250				4
注明"校定"的	266	316	316	316				4
注明"校补"的	193	285	309					3
"过录""传校""传录"	33	261	286					3
共　　计								129

三、批点、批注

类　别	见于《藏书目》的页次							小计
手批	70	70	172	193	220	248	276	
	315	339	341					10
手注	223							1
批点	19	20	20	146	146	168	183	
	189	202	228	229	236	254	258	
	260	285	286	288	292	295	296	
	306	307	317	332	338			26
批注	21	135	155	156	156	160	161	
	167	171	171	171	171	172	183	
	188	221	221	232	238	271	333	
	338							22
签注、签记	150	153	157	198	221	224	229	
	268	304	306					10
共　计								69

四、圈点、句读

类　别	见于《藏书目》的页次							小计
圈点、句读	26	27	42	70	156	168	171	
	202	202	202	206	209	230	248	27
	269	283	284	284	300	301	310	
	318	318	318	334	449	452		
共　计								27

注：据北京图书馆出版社影印本《章氏四当斋藏书目》统计。

章式之先生的在津居址

——读《章氏四当斋藏书目》札记之三

  章钰(1865—1937)字式之,江苏长洲(今苏州)人。弱冠补博士弟子员,肄业于紫阳书院、学古堂,为高材生。光绪十五年己丑中乡试为举人;光绪二十九年癸卯成进士,以主事用,签分刑部湖广清吏司行走。继荐经济特科,召试,一等,奏留本籍办理学务。后当局以办学劳保加四品衔。光绪三十三年,入两江总督端方幕。旋奉外务部调用,充一等秘书、庶务司主稿兼京师图书馆编修。辛亥后侨居天津,杜门讲学,寄情吟咏,尤喜勘书。民国二十年辛未,先生移居北京就养。

  章式之先生侨居天津二十年,居津期间,住在当时天津北郊即今之河北区中山路。这里的所谓"郊"是与"城里"相对而言,切不可将当年的天津"北郊"理解为今日之"北辰区"。先是住在宇纬路宇泰里,后又迁至黄纬路求是里,还曾短时间寄寓在"英国租界三德里"。在《章氏四当斋藏书目》(后简称《藏书目》)中,先生在校书记录内标有居住地的多达76次,列出的具体地名名称为"天津""津""津门""津步""津沽""析津""天津北郊""宇泰里""求是里""英国租界三德里"(详见附表)。

章先生长年居住在河北区中山路一带,其间为什么又短时间寄寓在英国租界三德里呢?要弄清这个问题,就得结合当年天津的形势来分析。当年天津的形势是怎样的呢?在《藏书目》中有具体的记述。

下面就是先生在校书记录中记述的当年天津的形势和自己的处境与感慨。

"三月中以张氏横翠簃有涵芬楼景宋本为前校百衲本所收而未尽者,乃发愤补校,日得二三卷,几六十卷矣。兵气渐偪,恐不能逐日到馆,乃取最后一函在寓遣日。自此卷始,阅者勿疑记日之不符也。"(墨笔记于《资治通鉴》卷273末)

"四月十六日(即1928年6月3日)是日下午津地尤极俶扰,东南城角电网遍布矣。今何世也?噫!"(墨笔记于《资治通鉴》卷275末)

"戊辰四月十七日(即1928年6月4日),所寓津郊为中外兵锋近接地面,两旬以来,居民迁徙相属于道,两日来风声尤紧,即同巷亦一空矣。此心皇皇不自止,唯校书则差能镇定。身世可怜,嗜好可笑,后有读者,其谓我何!"(墨笔记于《资治通鉴》卷279末)

"戊辰四月二十日(即1928年6月7日),自望日津步北郊地面益纷扰,遂未到张馆,另在寓校第九十一册起十余卷;

乱靡有定，只得仍前到馆续校。洋荡老人当日或同此风味也。”（墨笔记于《资治通鉴》卷58末）

“戊辰五月初三日(即1928年6月20日)，下舂，风声愈恶，为之罢饭。”（墨笔记于《资治通鉴》卷283末）

“此书初拟未校宋本者用涵芬本抽校，洎思百衲宋本未必与涵芬本一无出入，遂发兴全校。两月来，周、秦、汉、魏四纪及后梁、后唐、后晋、后汉、后周五纪均毕，得全书三分之一，再阅半年，必可全书告竣，亦穷居之一快也。最后二十余卷。为军锋极吃紧时，寓庐与灰色衣者杂居，前后门皆堵塞。作此冷淡生活，后之人殆目我为无心肝者乎！元善自京师来省我，行后记此。戊辰五月五日（即1928年6月22日）下午，长洲章钰记。”（墨笔记于《资治通鉴》卷294末）

“戊辰五月初十日(即1928年6月27日)灯下，时求是寓墙外四周皆兵也。式之。”（墨笔记于《资治通鉴》卷260末）

“戊辰五月二十一日(即1928年7月8日)是日为不肖六十四岁初度。忧生念乱正剧，而亲故仍有来觋者，不知何以置辞，勉为酬对而已。傍晚客散，姑以校课自遣。马齿日增，亦觉惫也。霜根学人长洲章钰记。”（墨笔记于《资治通鉴》卷245末）

“戊辰五月二十四日(即1928年7月11日)申刻，时正杂居军队喧唱大作时也。”(墨笔记于《资治通鉴》卷218末)

“十一行二十一字本，为百衲宋刻六种之一，以涵芬楼近印全部张馆架上有之,遂重校一过。凡非十一行本,既据以证异同,而十一行本,亦据以补遗漏,且涵芬本与百衲本实有不同处,已分见各卷矣。起手在立夏前数日,毕事在立秋前一日,暑序尚非所惮,而此一季中适为兵哄最剧之会,人伦道尽,几不忍说,所寓四壁,皆军队键门。为此生活,后之见此者,必以我为全无心肝者矣。"(记于《资治通鉴》卷 105 末)

看了上面的记述,我们对当年天津的形势和先生的处境与感慨,便会有具体的了解,同时也明白了先生为什么要"寄寓英国租界三德里"了⋯⋯

"自三月某日始奋欲通校涵芬楼景宋本,兵衅渐近,犹强为镇定。至四月十八日则真祸在眉睫矣,乃寄寓英国租界三德里世兄汪鹤龄开祉处,就近日到张馆接续前校,已毕魏纪。今日姑还求是,此心憧憧,不知何故? 借此自镇,不足云校读也。此书分携馆中,随案头所有者从事,故日月有颠倒处。"(墨笔记于《资治通鉴》卷 266 末)

通过以上记述,我们可以了解当时的情况——社会动荡,人民流离失所,惶惶不安,生活于水深火热之中。造成这种局面的主要原因,便是北洋军阀的残暴统治。而当北洋军阀行将覆灭进行垂死挣扎时,人民所受的苦难就更加深重了。

《天津史志 大事记》对 1928 年 6 月天津的形势曾有简要的介绍,现照录于下:

"6 月 3 日 奉系军阀张作霖退出北京,至此北洋军阀政府覆灭。"

"6月4日 国民政府特任阎锡山为京津卫戍司令。接着其部下傅作义、袁庆增分别任天津警备司令和天津宪兵司令。"

"6月11日北伐军逼近天津,奉系张宗昌、褚玉璞撤至津郊。直鲁联军第六军军长徐源泉倒戈,并在西站及电报局首先易帜,以临时保卫总司令维持局面。"

"6月12日张宗昌、褚玉璞率直鲁联军残部5万多人退出天津,阎锡山的国民革命军第三集团军占领京津。"

看了以上介绍,我们就可以从更广阔的背景下,了解天津社会动荡、黎民涂炭的原因;同时也明白了章先生"忧生念乱正剧","此心皇皇不自止",以至"为之罢饭",而"乱靡有定","祸在眉睫",遂不得不"寄寓"了。

先生离开天津已经八十多年了,不知他当年在津居住的地方还存在否?

附表：章式之先生在津居址一览

名　　称	见于《藏书目》的页次							小计
天津	176	266	308	311				4
津	108	117						2
津门	42	145	159	226	248	253	254	9
	305	311						
津步	95	115						2
津沽	308							1
析津	28	35	37	161	165	205	206	16
	209	240	242	253	264	269	282	
	310	322						
天津北郊	100	117	120	121	125	128	128	7
求是里（包括含"求是"二字的其他说法）	43	95	98	99	105	108	110	32
	110	113	115	116	116	117	118	
	119	120	120	121	124	125	126	
	127	129	129	130	131	132	133	
	133	135	234	255				
宇纬路宇泰里	248	336						2
英国租界三德里	134							1
总　　计								76

附　记

　　写成上文之后，在读《艺风堂友朋书札》时，发现该书中有章式之致缪荃孙书札 46 封，其中第 7 封、第 21 封、第 36 封，曾谈到自己在天津的通讯处或居址，但均只注明月、日，而未注明年份。现分别复述如下。

　　"复信请寄天津南市广益大街南头路西。"（《艺风堂友朋

书札》588 页）

"即日移居天津河北宇纬路宇泰里,附闻以便通信。"(同
上书 595 页）

"敝寓现移三经路修业里口,去旧居不远。"(同上书 601
页）

章式之先生的亲属

——读《章氏四当斋藏书目》札记之四

　　从《章氏四当斋藏书目》中，我看到章先生在跋语、校记和书衣题记中，经常提到自己的亲属，其中既有对长辈的追思，也有对同辈、晚辈的怀念。现从中摘录出来，分别简述于下。

一、长辈

　　1. 祖妣

　　"六月二十七日，是日祖妣愍忌，设供。"（页88）

　　2. 先府君（先赠公）

　　"六月十二校。是日先府君七十七岁诞辰，设供。"（页145）

　　"戊辰六月十二日，是日先赠公九十三岁诞辰，午间设供，族侄元本来行礼。"（页97）

3.先妣（先慈）

"戊午十二月十七日校。追忆前十二年此夕，乃先妣病亟日也。"（页55）

"十八日灯下校。是日为先妣九周冥忌。"（页73）

"丁巳十一月十二日校。先妣刘太恭人七十九岁诞辰，设供。"（页59）

"丁巳十二月十八日。先慈刘太恭人十周忌，设供。"（页58）

二、同辈

1.夫人

"梅亭为先生夫人王丹芬太君字也。"（页164 顾廷龙按语）

"甲辰十月朔，偕梅亭挈元儿为沪上之行。"（页273）

《广陵诗事》十卷 书衣题："丙午正月十三灯下，梅亭手订。"（页164）

2.弟

"先生弟亮之鉴，宣统三年四月二十五日卒于里第，年四十五岁。先生闻耗遄归，殁已九日，即以三子元群为嗣。"（页152 顾廷龙按语）

"宣统三年五月，奔母弟丧反里。"（页308）

"甲寅四月二十五日,亮之弟第三周愍忌,设祭后记。"(页313)

"十九夕,是日为母弟亮之五十初度,今殁已六年矣。"(页74)

《写经楼金石目》不分卷　跋云:"此册为钱梅溪先生一生临镌各体书之目……出亮弟遗箧,为补一目藏之。丙辰十月十九夕,钰记。"(页186)

《周易正义》九卷《音义》一卷附《校勘记》九卷《释文校勘记》一卷　书衣题:"丙戌冬,亮弟由申购归。己亥元日记。"(页19)

《小浮山人所藏词翰录存》一卷　跋云:"右潘功甫所藏当时投赠诗翰,亮弟以贱值于烟馆得之,盖其子弟取以易阿芙蓉者也。"(页314)

三、晚辈

1.子

①元善

《司马温公通鉴论》二卷　"全书句读,间有眉批,课子元善读。"(页202)

《唐诗别裁集》十卷　跋云:"元善自美利坚来信云,课馀拟诵诗消遣。前寄杜诗,云颇有味;再寄此本,即作四十五次家信。此本纸颇昏黯,以沈归愚为诗家正宗,所选极精审,且出法时帆旧藏,圈帜工整,随时研说,亦复可爱也。壬子五月二十八

日,茗籍自津门付邮。"（页305）

"是日元善自京来省。负翁记。"（页128）

"元善自京师来省我,行后记此。戊辰五月五日下午,长洲章钰记。"（页141）

《西湖胜游图》一卷　书衣题:"《西湖胜游图》,戊午新正,元善依样画图,集家人演之。上灯夕记。"（页223—224）

②元美

《史记集解》一百三十卷　"全书朱笔点句,课子元美读。"（页27）

"〔戊午〕正月二十三日,是日元美始照常上课。"（页54）

《佩文诗韵释要》五卷　书衣题:"壬戌元宵,元美购于海王邨上。"（页26）

③元群

《集古录跋尾》十卷《目》五卷　跋云:"庚午十二月二十六日,时值三儿元群在旧都患流行病初愈,心绪少宁,复读一过记。"（页189）

④元羲

《五代史》七十四卷　跋云:"十六日稚子元羲满月薙鬎,与亲戚情话,抽暇校此。"（页48）

2.女

①元淑

"戊辰三月二十一日。昨日,女元淑受石门钱氏聘。"（页

73）

②元晖

"戊辰中秋，是日为三女元晖帨辰。"（页71）

3.孙女

"是日，次子元美举长女，以此月次女新订姻，将以阿喜咳而名之。"（页76）

"戊辰八月十六日巳正，时孙女运伏案前学笑也。"（页72）

以上是章先生对自己亲属的记述。在《五代史》校记中，先生在"四十九岁初度"时，有一段对自己已往经历的回顾性的文字，现照录于下，作为本文的结尾——〔癸丑五月〕二十一日，是日为余四十九岁初度，去先君之亡二十七年，去母之亡七年。前十年为通籍之年，是日寓京达子营汪丈处，写试策一本；又前十年在里门，是时元善尚未试周，今已远适美国求学，将次毕业；又前十年，时在胥门由斯术处蒙馆；又前十年，从丁师读《孟子》：回首前尘，历历如绘。蘧大夫谓知四十九年之非，余则谓以今校之前数十年或较是耳。此中消息，将与谁语耶？"（页48—49）

章式之先生的师长与弟子

——读《章氏四当斋藏书目》札记之五

在《章氏四当斋藏书目》中,章先生在跋语、校记、函签题记和书衣题记内,记录了自己与师长、弟子交往的情况,这些都是全面了解、深入研究章先生的极为重要的资料。现从中摘录出来,依次简述于下。又章先生师长、弟子颇多,《藏书目》所未涉及者,今后当搜集材料再行补充。

一、师长

1.夏梦苓先生

章先生在《不堪把玩》的跋语中写道:"钰九岁附学于先太姑丈徐燮堂先生炳奎宅中,塾师为夏梦苓先生从锴。"(页233)

2.丁厚孙先生

"〔癸丑五月〕二十一日,是日为余四十九岁初度。去先君之亡二十七年，先母之亡七年。前十年，为通籍之年……又前十年，在里门……又前十年，在胥门由斯衙处蒙馆；又前十年，从丁师读《孟子》。"（页 48）

《三国志》六十五卷 收藏有"曾在吴子渔处"印。跋云："吴子渔记似名起潜，吾吴同光间善书老辈。钰师丁厚孙先生喜仿之，间有小品收藏。癸酉十一月二十七日钰记，时年六十有九。"（页 31）

3.沈先生

《远村印谱》一卷 跋云："此十四岁从沈师读书时，同塾黄平如物，今五十余年矣。己巳八月二十二日，霜根年六十五记。"（页 222）

按：沈师之名、字、号均不详。

4.倪听松先生

"倪涛字听松，江苏吴县人。清道光三十年诸生，官奎文阁典籍。"（页 235 顾廷龙按语）

《不堪把玩》四卷 跋云："钰二十三岁受业于倪听松师涛。"（页 233）

5.刘树堂先生

"刘树堂字景韩，云南保山人。清光绪十五年，署江苏布政使。为先生书院肄业师。工诗。配孙祥淑亦以诗名。"（页 300 顾廷龙按语）

《师竹轩诗集》四卷 书衣题："刘景韩师手赠。乙未四月朔

补记。"（页 300）

6.包桂生先生

"包桂生字子丹,江苏丹徒人。清诸生,同治五年任苏州府儒学训导,为先生书院肄业师。"（页 388 顾廷龙按语）

《颜氏学记》十卷 有吴履刚手批 吴氏手跋云:"庚寅秋,在包子丹司训斋,与章式之孝廉同阅此条(安州陈天锡来问学条),同为心折。"（页 387）

7.朱竹石先生

"朱之溁字仲蕃,号竹石,浙江平湖人。善旂子。司吴中藩臬者二十余年,为先生书院肄业师。幼承家学,邃于金石文字,著有《常慊慊斋文集》。"（页 191 顾廷龙按语）

《敬吾心室彝器款识》二卷 函签题:"朱建卿先生《敬吾心室彝器款识》原本用各色笔,故印不甚精,传本不多。此朱竹石师手赠。"（页 190）

《李卫公文集》二十卷《别集》十卷《外集》四卷《补遗》一卷 跋云:"光绪三十四年春正月,浭阳端忠敏公总制两江,以幕府事见辟。谒别平湖朱竹石师,谓有唐名臣多出记室,李卫公建树尤宏。手持此本见赠,期许甚厚。"（页 253）

《高陶堂遗集》八卷 跋云:"平湖朱氏刊本,竹石先师持赠。"（页 298）

8.吴梅心先生

"吴履刚字楣辛,号梅心,江苏金山人。优贡,清光绪十三

年署苏州府儒学教授,学古堂监院,为先生受知师。"(页 210
顾廷龙按语)

《持志塾言》二卷 "刘先生《持志塾言》一册,己丑冬间学
古堂监院吴梅心履刚师台所赠。"(页 209—210)

9.汪振民先生

"汪之昌字振民,吾吴经学大师,有《青学斋集》行世。尝主
正谊书院经古月课,学古堂堂长,先生遂著弟子籍。"(页 141
顾廷龙按语)

《补南唐书艺文志》一卷 书衣题:"汪振民师《补南唐书艺
文志》一卷,己亥二月二十九日录毕。(页 159)跋云:"光绪戊
戌三月从鹤舲(汪振民先生之子——笔者注)行箧借得先师手
稿,己亥二月坚孟手录。"(页 160)

10.黄彭年先生

《枫林黄氏家乘》十种二十三卷 函面题:"此一函共十册,
系黄贵筑师手赠之书,子孙世守之。"(页 154)

《陶楼文钞》十四卷 清贵筑黄彭年撰 长洲章钰、高德馨
编 稿本 十五册 有胡玉缙校 (页 296)

又,民国十二年刊朱印文 六册 (436)

"《陶楼文钞》十四卷,1923 年精刻本。贵筑黄彭年撰。彭
年字子寿,道光二十五年进士,由翰林累官湖北布政使。尝主
讲关中及莲池书院,士论翕然,在官尤以养士为先,故当时士
子,无识与不识,皆推宗之。其为学不分汉宋,而要以辨识文字

为先。""其根本盛大,胸襟开拓,不偏不党,廓然有以见道术之公,于箴肓起废不为无补。彭年于经训朴学,亦尝究心,……潜心问学,颇有功力,不徒托空言以播为口说,与庸常拥皋比为山长者,固自不同耳,是集为其门人章钰所编次,钰有跋尾,称彭年早岁有《陶楼存稿》,曾以活字板排印,而传布不广,不知视此本何如也。光绪中,彭年开藩吴中,尝建学古堂,选高材生肄业其中,章钰与焉,故钰师事之尤谨云。"(张舜徽《清人文集别录》页 526—528)

11.俞曲园先生

俞樾字荫甫,号曲园,浙江德清人。道光三十年进士。咸丰二年授编修,五年简放河南学政。罢官后居苏州,一意治经,私淑高邮王氏。曾主讲苏州紫阳、上海求志、德清清溪、归安龙湖等书院,而主讲杭州诂经精舍达三十一年。曾总办浙江书局,建议江浙苏扬鄂五局分刻《二十四史》。于浙局刻《二十二子》,海内称为善本。又议抄补浙江文澜阁旧藏《四库全书》,嘉惠儒林非浅。著述等身。至老不辍。所著《群经平议》《诸子平议》《古书疑义举例》皆恪守高邮王氏父子家法,颇多精义。所撰各书总称《春在堂全集》,共二百五十卷。

章先生藏书中,有俞师赐读、手授及手跋之书数种。

《春在堂诗编》二十三卷 清德清俞樾撰 清同治七年刊本十二册 附俞氏手简一纸 跋云:"丙午二月二十二日,曲园先

生赐读,时先生寿八十六岁。"(页296)

《先师俞氏手授副墨》不分卷 清德清俞樾撰 长洲章钰编
书衣题:"《先师俞氏手授副墨》一册,丁巳八月二十三日汇装,
钰谨记。"(页296)

《金刚经注》二卷 清德清俞樾撰 手稿本 函签题:"德清
俞师注《金刚经》手稿,光绪癸卯手授,壬戌十月重装,钰谨
记。"(页399)

《四寸学》六卷 清钱塘张云璈撰 稿本 函签题:"钱唐张
仲雅先生《四寸学》稿本二册,附德清俞氏校语及序,长洲章氏
藏。"(页392)

俞氏手跋云:"张仲雅先生,乃钱唐乾嘉间老辈也。以
孝廉官湖南县令,中年即弃官而归,年逾八十而终。以诗
名一时,然其余著述亦甚夥,《简松草堂诗集》外,有《选学
胶言》二十卷、《选藻》八卷、《四寸学》六卷、《垂绥录》十
卷。盖虽以词章为专家,而经史考订之学亦未始不究心
也。此《四寸学》一书,尚是写本,未知当年曾付剞劂否?章
式之孝廉得之市上,以一王面钱易之而以示余。按《荀子·
劝学篇》云'口耳之间则四寸耳,曷足美七尺之躯哉?'《四
寸学》之名,必取之此,盖谦言无心得也。其中虽不无习见
之说,要其学有根柢,不为无根之游谈,则犹是乾嘉老辈
典型,非后来途听道说者所能望也。因书数语而归之式
之。如此书尚未有刻本,大可刻之以广其传也。光绪庚子

五月,曲园俞樾。"(页392)

12.邹咏春先生

"邹福保字咏春,号芸巢,江苏元和人。清光绪丙戌一甲二
名进士,授编修,历典江西、福建乡试。归里后,任紫阳书院山
长。《范集》即邹氏所集资刊成者。辛亥后,杜门著述,有《青霞
仙馆骈体文》、《芸巢诗稿》。"(页309顾廷龙按语)

《范文正忠宣二公全集》七十三卷 跋云:"宣统三年五月,
奔母弟丧反里,邹咏春院长持赠。"(页308)

13.潘瘦羊先生

"潘钟瑞字麐生,别字瘦羊,晚号香禅居士,江苏长洲人。
清道光二十七年诸生,议叙太常博士。工诗古文辞,旁及校雠。
尝佐其从弟祖荫编刊《滂喜斋丛书》。书法、篆刻亦均精雅。有
《香禅精舍集》。"(页235顾廷龙按语)

《陶诗集注》四卷附《东坡和陶诗》一卷 函签题:"《陶诗集
注》《东坡和陶诗》,同邑潘瘦羊先生遗书,癸丑校宋本。" 跋云
"此本为吾乡先生潘瘦羊博士旧藏。博士著述甚多,未尽刊刻。
与先师倪听松先生交契,钰幸及奉教。身后遗书散佚,钰收得
石湖、白石诸集,均经手校,朱墨烂然。后生孤陋,窃为效颦之
举,博士有知,当不以唐突遗书为罪也。癸丑十一月十六日,长
洲章钰记于天津宇泰里侨寓。"(页247—248)

《姜尧章先生集》十卷 函签题:"潘瘦羊校《姜尧章集》,老
辈遗业,后学宜珍视之。章钰记。"(页408)

二、弟子

1.王啸緱

"王念曾字啸緱,江苏宝应人,旧寓吴中。清礼制馆编纂,为先生及门第一人。"(页141 顾廷龙按语)

"蒋贻芳字漱芸,吴庠生,略长于予。光绪己卯予年十五,为蒋仰韩廷琦代幽兰巷王氏馆事,其所介也。学徒名念曾,为予及门之第一人,回首已五十七年矣。"(页234)

"戊辰六月十六日午刻,老友王啸緱适来,欣然停笔。"(页103)

2.王冰铁

"平昔好为校雠之学,于吾乡黄氏、顾氏及浙中吴兔床、陈仲鱼诸先生遗说服习尤深。尝有感于钱后人所云、'墨汁因缘?之说,属及门王冰铁镌一小印,凡校钞书册必钤之,以志微尚。"(页175)

3.张孟劬

"张尔田原名采田,字孟劬,号幼莼,别号遯盦,浙江钱塘人。上龢子。江苏候补知府。历任南北各大学教授。所著《史微》外,有《玉谿生年谱会笺》《蒙古源流笺证》《遯盦乐府》。清光绪甲午、乙未间,先生设帐吴中金太师场里第,时与侨寓名宿若张氏尊翁、陈君如升辈诗词相酬唱,而张氏即于其时执贽受业焉。民国后，师弟同应清史馆之聘。先生修《大臣传》《忠义传》及《艺文志》，张氏修《后妃传》《乐志》《刑法志》及《地理志·江苏篇》。乃《史稿》刊行，《艺文志》与《后妃传》则俱非其旧矣。"（页203 顾廷龙按语）

《史微》四卷 钱塘张采田撰 清宣统三年多伽罗香馆木活字排印本 二册 跋云："从吾宗实斋学说推衍而光大之，流略之学遂以上蟠下际，后绝前空，英绝领袖，非吾孟劬其谁与归？庚申十月二十六日坐雪读记。"（页202—203）

《四寸学》六卷 清钱塘张云璈撰 清道光十一年简松草堂刊本 二册 张氏手跋云："此先高祖仲雅公著，当日曾刻之家塾，粤寇版毁，故传本极希。长洲章式之师藏有稿本。丁丑十月，彦威世兄以师遗书归燕京大学图书馆而以稿本相赠，余因以此本互易。此虽刻本，然亦海内孤笈矣。先高祖尚有《人事投瓶录》一书，无刻本，见《清吟堂书目》，倘能得之，尤为镇库之宝也。钱唐张尔田记。"（页393）

"《四寸学》稿本并《史微》两书，元美彦威因乞张氏尔田孟劬为先生撰传，持以相赠，藉资纪念；而张氏以《四寸学》之难得，又不欲师门遗书之分散，乃出家藏刻本互易。二书并著入目，附录各跋，以详原委。"（页393 顾廷龙按语）

补记

撰写上文之后，近日在《清代硃卷集成》第179册"江南乡试硃卷·光绪己丑·恩科"部分，发现有中试第六名举人章钰所写的履历，其中列举了受业受知师与书院肄业师的姓名。现按履历原格式转录于下，作为上文的补记。

受业受知师（谨以先后为次）
黄秋岩夫子 廷锡
张紫庭夫子 茂萱
张孜彝夫子 栋
夏梦芗夫子 从锯
丁厚孙夫子 宗堃
何耀德夫子 光培
亢仰如夫子 乃羲
黄柳溪夫子 勋
陆新堂夫子 永年
沈廉卿夫子 绍杰
沈赉卿夫子 绍偁
徐守之夫子 贵生
王仰之夫子 元锡

倪听松夫子 涛

黄漱兰夫子 体芳

王益吾夫子 先谦

杨蓉浦夫子 颐

易笏山夫子 佩绅

黄子寿夫子 永年

潘西圃夫子 遵祁

吴望云夫子 仁杰

陆云孙夫子 懋宗

雷甘溪太世伯夫子 浚

吴梅心夫子 履刚

书院肄业师

卫静澜夫子 荣光

谭序初夫子 钧培

振青夫子 崧骏

子良夫子 刚毅

许星台夫子 应鑅

李宪之夫子 嘉乐

馀庵夫子 福裕

张屺堂夫子 富年

陈少希夫子 钦铭

田炽庭夫子　国俊

朱竹石夫子　之榛

刘景韩夫子　树堂

王鲁芗夫子　毓藻

月坪夫子　成桂

韩古农夫子　庆云

月汀夫子　景星

蒋心香夫子　德鑫

包子丹夫子　桂生

章式之先生与朋好的交往

——读《章氏四当斋藏书目》札记之六

读顾廷龙先生编纂的《章氏四当斋藏书目》,见章先生在跋语、校书记要及书衣、函签的题记中,涉及到朋好将近百人,彼此所谈多是藏书、校书问题。摘录出来,分类排比,辑为一文,供研究章式之先生学术思想、生平事迹者参考。

1.丁国钧

"丁国钧字秉衡,江苏常熟人,清廪生,仪征县训导。著有《补晋书艺文志》《晋书校证》《荷香馆琐言》,民国八年卒。"(页283顾廷龙按语)

章式之先生曾向丁氏借书,用以校书。

《鲒埼亭集》跋云:"宣统元年夏五月,于江南图书馆中同郡常熟丁秉衡明经国钧案头见严修能先生批校《鲒埼亭集》,假归过录,事未及半,即有北征之役。庚戌三月南归携眷,复从秉衡借《外集》,入京部署少定,乃得讫事。"(页208)

《与稽斋丛稿》跋云:"戊申十月,常熟丁秉衡广文国钧以

《与稽斋手稿》见示……十一月十三日，长洲章钰记。"（页
285）

丁秉衡也多次为章先生校书、寄书。

《枫山章文懿公年谱》丁氏手跋云："馆中所藏《枫山年
谱》上卷，旧刻本，字迹甚劣，下卷则钞配者。吾友式之部郎属
为录副。写官既竟，因为校阅一过。怔忡旧疾正发，殊草草也。
庚子新秋五日，秉衡记于江南图书馆。"（页367）

《自鸣集》丁氏手跋云："庚戌八月十一日，为茗理先生校
于江南图书馆，秉衡记。"（页408）

《见山亭诗集》丁氏手跋云："庚戌中秋前三日，为茗理先
生校……是集稿本，不知流落何许矣。茗老盍留意访之，或尚
有楚弓楚得之日也。常熟丁钧记于江南图书馆。"（页424）

《清吟阁书目》丁氏手跋云："庚戌七夕后五日，写录此目
竟，取原钞本对勘一过，邮寄式之先生京邸。秉衡记于江南图
书馆。"（页378）

2.王仁俊

"王仁俊字捍郑，别字籀鄦，江苏吴县人。清光绪壬辰进
士。官湖北宜昌知府。尝与先生及曹元忠诸人商量学问。所校
辑古籍甚多，或刊或未刊。"（页150顾廷龙按语）

章先生"长洲章氏算鹤量鲸室钞本"中的《行朝录》《圣安
本纪》，均为从王捍郑手中之书照录。

《行朝录》跋云："乙未夏五月，从王捍郑兄假得钞本，饬

胥照录。"（页150）

《圣安本纪》跋云："此书与《明季稗史》中所刻《圣安皇帝本纪》截然不同……捍郑得此书于冷摊上，有王麓台印记。与得梨洲《行朝录》先后三日，黄、顾二公之著作忽焉合并，殆有神明呵护耶！仿胥录毕并记缘起。乙未闰五月，坚孟。"（页150）

3.王式通

"王式通字书衡，号志盦，山西汾阳人。清光绪戊戌进士。"（页268 顾廷龙按语）

王式通曾向章先生赠书三种。

《袁海叟诗集》四卷《附录》一卷 跋云："壬子二月初十日，汾阳王志盦式通持赠。"（页268）

《仪郑堂诗文残稿》十卷 稿本 跋云："辛亥三月二十四日，汾阳王书衡推丞见赠。"（页294）

《仪郑堂二集》文四卷诗四卷 诵芬室钞本 一册 王式通赠（页431）

4.王同愈

"王同愈字胜之，号栩缘，江苏元和人。清光绪己丑进士，入翰林。历官湖北学政、江西提学使。邃于金石目录之学，又工书画。所藏以宋椠五臣注《文选》为最精。今年八十四，颐养沪滨，书画为娱。著有《群籍书画题记》。宣统己酉岁莫，与先生同客宣南，先生寓邑馆，王氏居石灯庵，往还甚密。先生尝从借钞

诸书,宋椠《苏诗施顾注题跋钞》其一也。"(页68)顾廷龙按语)

章先生在《宋史》校记中称:"丁巳除夕,昨夜朱皤农,饮以癸酉所酿陈酒,今日以一瓻乞之。己酉独居京邸,曾向王胜之借书度岁,兹复以乞酒迎年,皆寒寂中生事也。"(页58)

5.王同德

"王同德字润之,江苏元和人。清光绪壬午举人。官高邮学正。"(页168顾廷龙按语)

王同德曾将《三通序》二册赠章先生。

《三通序》跋云:"甲午六月,润之仁兄持赠,九月初七夕记。"(页168)

6.王季烈

"王季烈字君九,江苏吴县人。颂蔚子。清光绪甲辰进士。官学部郎中。与先生同举经济特科,后同客津门。长于乐律,著有《螾庐曲谈》《集成曲谱》《螾庐未定稿》。"(页198顾廷龙按语)

章先生《梁书》校记中曾记载"庚申六月二十五日,雪堂、君九来谈"。(页41)

先生盛赞王君九之文,在手录王君九《集殷墟文字·叙文》后云:"君九此文,巧不可阶。"(页196)

先生曾向王君九借书,校《王文恪公集》,"从君九同年借读,因校手书十一篇于本集"。(页269)

王君九曾将蓝晒本《药园文集》赠章先生。潘承弼《药园文集》手跋云："残本存卷者二十二,为文肃公手校之稿,今藏上虞罗氏。王君九表丈于庚午岁假影两集,而以其一赠诸章丈式之者,外此未有传本。吾姊丈顾君起潜知不佞向慕先贤著述,因乞章丈转假传录,其盛意为何如哉!而章丈一瓻之惠,又所感拜于高谊矣。"(页414)

7.王祖锡

"王祖锡字惕安,号孟麟,浙江秀水人,流寓吴中。清廪贡生。光绪中历官福建将乐、龙溪知县。著有《尚古录稿》,未刊行。"(页283顾廷龙按语)

章先生曾向其借书。

《道古堂文集》四十八卷《诗集》二十六卷《集外诗》一卷《轶事》一卷 跋云:"辛丑七月六日,据秀水王祖锡孟麟所藏手稿校。"(页283)

8.王道存

王道存曾将《贾子次诂》赠章先生。

《贾子次诂》十六卷 跋云:"宣统己酉初夏,道存王氏手赠,时同从事于江南图书馆。后四年癸丑春日句读一过。道翁早作古人,旧巢两经奇变,已难问存亡矣。式之记。"(页206)

9.王慎本

"王慎本字鞠初,江苏吴县人。清光绪辛卯举人。"(页301顾廷龙按语)

王慎本曾赠书给章先生。

《蒙香室赋录》二卷　跋云："右冯太史《梦花赋录》两卷，鞠初仁兄所见赠。"（页301）

10.邓邦述

"邓邦述字正闇，号孝先，江苏江宁人，侨寓吴中。清光绪戊戌进士，入翰林。官吉林民政使。收藏书籍甚富。尝得宋刊唐《李群玉诗集》、李中《碧云集》，因命藏书之所曰群碧楼。著有《群碧楼藏书目初编》《书衣题识》。琴鹤归来，以书易米。民国十六年夏，斥其一部归诸国立中央研究院。手重写定为《群碧楼善本书录》六卷、《寒瘦山房鬻存善本书目》七卷。与先生有兄弟之好，每获秘笈，辄借校读，故所藏经先生题记者甚多。"（页21顾廷龙按语）

光绪戊戌、己亥间，赵止扉"尝与〔章〕先生及俞陛云阶青、邓邦述孝先、宗舜年子戴诸人泛舟山塘。意气相投，遂结兄弟之盟。时有细雨，归倩金爛心阐作《吴舲话雨图》纪之。洎五人又同举经济特科，时人以'五凤？誉之，传为佳话。"（页152顾廷龙按语）"戊戌十二月初旬，子戴邀作沪游，同游者为赵君宏、邓孝先。"（页222）从以上记述可见章先生与邓孝先友情之深。先生在《前汉书》跋中写道："昔在弱冠之年，曾得惠定宇栋、沈小宛钦韩两先生校本，先后迻录，颇便研诵。以宋本罕觏，别校此本存之……江宁邓正盦邦述则并时点笔匡益有加，皆风谊之可识者。"（页28）笔下流露出对友人的感激之情。

章先生与邓孝先的交往,更主要的则是反映在赠送、借校书籍方面。先生向邓氏借校之书近二十种。

《旧五代史》校记中写道"壬子九月,群碧楼收得邵本一帙,检一百三十一卷、一百五十卷后,观款知校勘出孔荭谷户部手……孝先举债收书,以巨金得于日下,携归未三日,即借余校录,竭两月之力始克竣事。"(页45、47)

《三朝北盟会编》跋云:"壬子夏日,借江宁邓氏群碧楼藏小山堂赵氏旧钞本校勘。"(页145)

《孔丛子》跋云:"既借正盦本校读正文,复按行格补录所缺,因记于卷端。"(页205)

《鬼谷子》跋云:"群碧楼又藏有劳氏昆弟校本。劳氏自记亦据述古旧藏写本勘正。一为对勘,始终艺风所校脱误尚多,复用墨笔详加校补。"(页226)

《东坡七集》跋云:校记志要——"一、蝴蝶装残宋本,邓孝先藏,全行照校。""一、《文鉴》明天顺番宋本,亦孝先藏,依类检校。""一、《名臣碑版琬琰集》,宋绍熙本,亦孝先藏,按篇照校。"(页258、259)

《松雪斋全集》十卷《外集》一卷《续集》一卷 跋云:"壬子九月中旬,叚江宁邓氏群碧楼藏元至元花溪沈氏刊本校。"(页265)

《吴都文粹》跋云:"此活字本,脱误百出,借孝先本校补一

过。"（页 307）

《三唐人集》跋云："《三唐人集》，道光修补汲古阁本，邓孝先持赠。孝先藏有吾邑何义门校本真迹，借归临校，一切依仿。平昔校书颇多，此最矜慎，特题其耑识之。壬子小暑，避地天津。曙戒学人。"（页 308）

《三苏全集》跋云："壬子十月，江宁邓正闿邦述得残本六卷，借校。""《栾城集》一、二、三三卷，邓孝先藏，与傅沅叔各校一过，彼此脱漏互补。"（页 309、310）

《范文正忠宣二公全集》跋云："辛亥避地津沽，假邓氏群碧楼藏元刻本点校。"（页 308）

《中州集》十卷《中州乐府集》一卷　跋云："从群碧楼假得，点笔既竟，撮记其耑。""群碧楼别有宏治不全本六集，佳处极多。"（页 311、312）

《滂喜斋丛书》五十种九十五卷　跋云："癸丑五月，邓正盦从厂肆得原本后校读一过。"（页 332）

《结一庐朱氏賸余丛书》四种一百十二卷　"岁在玄默困顿岁不尽三日，从江宁邓氏群碧楼借出，与江安傅沅叔各传校一本。"（页 336）

《庚子销夏记》跋云："甲辰十二月，据邓孝先同年所得甫里王氏本过录。"（页 219）

《李贺歌诗编》四卷《集外诗》一卷　跋云："壬子六月，借邓本过录。"（页 252）

《温飞卿诗集笺注》九卷 跋云:"义门先生评阅书最多,今岁辟地津门,于孝先词盟许借得《三唐人集》《昌谷集》《中州集》均已过录;又有《史通》《三体唐诗》二种,因箧中无此书,尚未从事。此书系钰二十三岁时传录,检读一过,讹误滋多,改正处均注'壬子'二字,忽忽二十六年矣。当点笔时,庸讵知大局变易如此其极耶!悲从中来,几欲陨涕。九月初七夕,听鹃赁舍记,长洲章式之。"(页254)

《鲒埼亭集》三十八卷《年谱》一卷《外编》五十卷《经史问答》十卷 校记云"江宁邓氏藏有杨秋室笺注本,事迹尤为详备。卷帙烦多,惜未迻写。"(页282)

章先生还曾请邓孝先向他人转借书籍。

《读书敏求记》跋云:"十一月下旬,同征友邓正盒以吉林交涉使入觐,于其邸中见汉阳叶氏影钞沈刻本中附黄荛夫校语极多,为管校本所未具者。讯知为蕲水陈氏仁先同年家藏,复丐孝先转借。荒馆无事,分别补入。"(页174、175)

章先生还藏有群碧楼钞本《校证读书敏求记》一卷,一册。(页382)

11.叶沆

章先生有回忆叶沆的一段文字:"沆字少仲,长庠生。予冠后,读《曾文正家书》,有志为学,少仲具有同情。先练习早起,予住磨坊衖,少仲住甫桥,定草桥为中心,盥洗而出,以过草桥、不及草桥定奖罚。每十日必互背读文及《许氏说文》,真当时益友也，不幸早世。闻其后人尚能自立。丙子三月二十一日，理旧书得上二纸存之。追念前尘，真一梦也。式之年七十又二。"（页234、235）

叶沆曾赠章先生书，先生在跋语中写道："《扶雅堂集》四册，先友叶少仲沆所赠……二十余年来，行役必携入箧衍者。以饥驱北上，将成乞米之局，寒宵展读，羁抱为开。追忆前尘，则距少仲长往已十九年矣，为之凄黯。"（页295、296）

12. 叶昌炽

"叶昌炽字颂鲁，号鞠裳，别号缘督，江苏长洲人。清光绪己丑进士，入翰林。官甘肃学政。辛亥后息影里门，著述自娱。尝佐校刻铁花馆、功顺堂、嘉业堂诸丛书。收藏乡先辈遗著甚力，多罕见之本，身后归诸女夫王立勋。"（页196顾廷龙按语）叶昌炽曾将《邠州石室录》赠章先生。先生在该书跋语中写道："缘督先生手赠，初印本。丙寅八月得阅先生最后日记，十四年追记。霜根。"（页200）

章先生在《语石》跋语中，有回忆叶昌炽的文字："缘督身后有两志：一吴蔚若郁生侍郎撰，一曹叔彦元弼编修撰，同时并刻，不知入窆者何石也。""钰挽二联：'及身早定千秋举国皆狂滕有井中心史在；历劫尚留一面似人而喜曾容门外足音来。'又'兄事有年实师事；传人难得况完人。''兄事'谓与缘督同受知黄贵筑师，即园课士时曾携砚肩随。以语涉偏，未写送。

己未七月初一,晨起记。"(页195)

13.叶景葵

"叶景葵字揆初,浙江仁和人。清光绪癸卯进士,大清银行监督。精校勘,最重先贤遗墨。每见旧稿及钞校本,力收之。尝印行张成孙《谐声谱》全书。"(页302 顾廷龙按语)

章先生曾利用叶景葵珍藏之书校勘《全上古三代秦汉三国六朝文》,跋云:"乙亥九月,同年仁和叶揆初景葵由上海携珍藏严氏手稿本前十六卷来示我,真盛意也。出此本粗校一过,始知刻本不少讹脱,非动手一过不能发见。所惜暮景日逼,安得如米元章所云缩却三十年得以尽勘一周也。霜根学人长洲章钰北池寓斋记。"(页302)

14.朱建侯

章先生曾向朱建侯借书校勘《绝妙好词笺》,跋云:"乙未四月下旬,借内课朱君建侯所藏顾艮庵点定本对勘一过,颇多刊误补脱之处。二十五日灯右记。"(页321)

15.朱彭寿

"朱彭寿字小汀,浙江海盐人。清光绪乙未进士。官典礼院直学士。比年息影旧都,著书自娱,成《寿鑫斋杂记》二十四卷,先生尝为之序。民国二十三年夏,寿鑫斋藏书散售……时值先生古稀诞辰,朱氏即举所藏有与先生同姓名者所刻书为赠。其人萧山籍,字曰梅溪,号虚中,友毛奇龄,好闻忠孝节烈之事。先辑《古名臣遗迹》一卷,又刊此集。志洁行芳,殊可景仰,与先

生心志默契,二百廿年先后辉映。朱氏之赠,其意深矣。"(页417顾廷龙按语)

朱氏赠给章先生的书为《杨忠愍公全集》四卷,明容城杨继盛撰,清萧山章钰重订,清康熙四十九年敬一斋重刊本,二册。

朱氏手札云:"大庆伊迩,弟于诗词素属门外汉,未敢效颦,偶检书籍,觅得旧刻一种,聊备插架之助,真秀才人情也。藏书现均在变卖中,兹独以此种相诒,闻者当讶其奇突。然一观刻书者姓氏,公当为之鞕然。此盖袭篯孙之所为而别翻花祥者耳。除届日趋堂恭祝外,专此祗请式之仁兄大人台安,弟彭寿顿首。午月十三日。"(页417)

16.朱鬐农

《宋史》校记:"丁巳除夕,昨访朱鬐农,饮以癸酉所酿陈酒,今日以一瓻乞之,己酉独居京邸,曾向王胜之借书度岁,兹复以乞酒迎年,皆寒寂中生事也。"(页58)

17.刘世珩

"刘世珩字聚卿,号葱石,又号櫽盦,安徽贵池人,清光绪甲午举人。官度支部右参议。耆金石图籍,藏宋元椠本甚富。刊有《聚学轩丛书》《贵池先哲遗书》《玉海堂景刊宋元本丛书》,皆为世重。"(页69顾廷龙按语)

章先生在《宋史》校记中曾记载:"庚申二月初七午校未毕,贵池老友刘葱石世珩自京来,以《天发神谶》《天玺纪功》两

明拓属题,并以《聚学轩丛书》一箧为赠。读碑论古,遂阁校课。越日午间始竣,饭罢记之。"(页 63)

此外,还有两段记录刘氏赠书的文字。

《重定金石契》不分卷 跋云:"癸卯十一月,刘葱石持赠。"(页 188)

《历代钟鼎彝器款识法帖》二十卷 跋云:"贵池刘氏得阳湖孙氏别本重付校刊,己酉冬十二月手赠一帙。"(页 190)

18.许同莘

"许同莘字溯伊,江苏无锡人。清光绪辛丑举人。尝与先生同官外务部。编有《张文襄遗稿》《张文襄年谱》;著有《石步山人游记》。"(页 270 顾廷龙按语)

章先生藏书《居易堂集》中有许同莘手录徐氏撰《化鐙川禅师塔铭》。(页 270)

19.阮惟和

"阮惟和字子衡,松江奉贤人,增生。与先生学古堂同学。尝校印《南吴旧话录》"(页 156 顾廷龙按语)

曾向章先生赠书两种,先生均有跋语。

《碑传集》一百六十四卷 跋云:"癸巳年同斋生金山阮惟和请撰先德蘉幽文,以此书及《随轩金石文字》为报。越十六年戊申移家白下,有读书之暇,发箧排比,追记其崇。五月二十七日。"(页 155)

《随轩金石文字》九种存二种不分卷 跋云:"光绪癸巳,学

古堂同斋金山阮子英惟和以其先人铭幽之交相属，此书及钱辑《碑传集》皆当时所赠。丙午四月追记。"（页188）

20.孙传凤

"孙传凤字得之，江苏吴县人。清光绪己丑解元。著有《泾民遗文》《说文古本考补证》。"（页288顾廷龙按语）

章先生在《定盦文集》跋语中曾谈到孙得之："此集戊子、己丑间，于友人案头见之。洎闻孙得芝同年传凤有校本。庚寅二月初二将附轮北上，念船中无书消遣，冒雨购之。至京寓会邸，得芝携以视予，则非得芝校而为程太史秉钰手笔……后以校本还得芝，未几而得芝作古矣。"（页288）

在《仰萧楼文集》跋语中，章先生满怀深情地回忆了孙得之："庚寅春夏之交，予与得之同年应试礼部，同寓会邸者累月。此书系得之向刘雅宾太史乞取者，计送到两部，适得之不在室，仆人不知，携以问余，余遂纂取一本，得之不余责也。报罢后十四出都，得之犹来揖别，言就馆在京，不即南返。不意二十三到申而予弟来函，言得之在京于二十二无疾逝矣。闻之酸鼻。得之通经学，精《说文》，小篆尤极浑古凝厚。其待予也，视诸人加一等，同坐一车犹必将车厢、车沿推让许久。其笃谊深可铭也。检阅此书，不胜怀旧之思云。""得之小篆，尤余所极佩者，初欲求其一二，见其积纸盈几，同有为人书備之感，故所得者惟予弟一扇，今不可得矣。当宝藏是扇如对故人云。五月二十八日记。"（页299、300）

21.孙宗华

"孙宗华字秋实,号汉槎,江苏吴县人。清光绪戊子举人。署瑞金知县。"(页288 顾廷龙按语)

章先生曾向孙宗华借书用以校勘。

《后汉书》一百二十卷 跋云:"惠先生栋原本,借孙秋实过笔本,起十二年十月初十,毕十三年八月初九,计十一月。"(页31)

《定盦文集》三卷《续集》四卷《补》六卷 跋云:"墨笔据孙君秋实手校本过校。"(页288)

《定盦文集补编》四卷 跋云:"未见此本以前,孙君秋实实见示手录定盦未刻文,系从汤君伯述所藏定公手稿照缮者,时在壬辰之夏,钰即照缮一分。"(页288)

《定盦未刻文》一卷 书衣题:"《定盦未刻文》一册,壬辰六月蛰存据孙秋实手写本转录。"(页290)

孙秋实也曾赠书给章先生。

《定盦文钞》一卷 跋云:"此孙秋实见汤伯述藏定菴手稿多为曹籀所未刻者,手自录出……秋实三十前以诒余。辛酉二月二十九日检书得此,手装存之。"(页289)

22.孙宗弼

"孙宗弼字伯南,别号鞥斋,江苏吴县人。传凤子。邃于经、小学。尝佐江标、叶昌炽学幕,后任苏州存古学堂教员。与叶德辉、孙德谦友善。民国二十三年卒,所著均未刊。"(页270 顾廷

龙按语）

章先生的藏书中，有从孙伯南所藏书传录的。

《左萝石忠贞公文集》七卷 跋云："此集底本系孙伯南世讲佐校湖湘得诸坊肆……念是罕见刊本，段归饬胥传录。卤莽灭裂，几不成书，因丐陈丈同叔对校一过，并承代录年谱、目录，手治成册，因记颠末。"（页269）

23.严修

"严修字范孙，清光绪癸未进士，入翰林。官至学部侍郎。创办崇化学会提倡国故，聘先生主讲席者十余年。""蟫香馆为严修藏书之室。"（页141、142 顾廷龙按语）

章先生校《资治通鉴》时，曾向严氏之蟫香馆借书——"钰在寓校十一行二十一字本，系借蟫香馆及横翠簃两家书。"（页132）

24.杨晋

"杨晋字诵庄，浙江钱塘人，文莹子。清史馆协修。"（页298 顾廷龙按语）

《悲庵居士诗賸》一卷 跋云："宣统庚戌七月，从杨君诵庄晋所见《悲庵印稿》二册，所拓边款有此三作，录附诗稿后。茗理。"（页297）

25.杨寿枏

章先生藏书中有《觉华寮杂记》四卷，为无锡杨寿枏撰，民国十口年刊朱印本，一册。该书杨氏手跋云："此为初刻本，后又增订重板,将来再呈式之先生鉴存。苓泉识。"(页395)《章氏四当斋藏书书目》第559页又著录一部,为民国二十年刊朱印本,二册,不知是否为杨氏"再呈"者。

26.吴士鉴

"吴士鉴字绚斋,浙江钱塘人。清光绪己丑登贤书,与先生为同年,壬辰榜眼,官翰林院侍读。民国后尝与先生同纂清史。著有《晋书斠注》一百三十卷、《九钟精舍金石跋尾》等,皆刊行。"(页185顾廷龙按语)

章先生曾向吴氏借书校《竹盦盫石刻目录》,在该书跋语中写道:"嗣闻同年吴绚斋新刻有此一种,乞取对勘。"(页185)

27.吴昌绶

"吴昌绶字印臣,一字伯宛,号松邻,别号甘遯,所居曰双照楼。浙江仁和人。清光绪丁酉举人,民国司法部秘书。好藏书,又好刻书,若《景刊宋金元明词》《松邻丛书》,其他零种尚多,皆称精椠。为人俶傥不羁,与先生性质虽不同,而交谊之笃数十年如一日。所刊多倩先生精校,尝同辑《荛圃藏书题识》。一瓻通借,往还甚密,故先生书中有吴氏手批者甚多。既殁,先生代其女蕊圆手辑诗文词遗稿,得十卷。所著有《定盫年谱》《吴郡通典》《清帝系后妃皇子皇女四考》。"(页30顾廷龙按语)

吴伯宛多次赠给章先生书。

《前汉书》一百二十卷 跋云:"上海涵芬楼藏有配元明本

宋刻《汉书》,价至千金。癸丑十二月江安傅沅叔增湘郑重借至
津门,审系吾吴黄荛夫先生得宋本若干卷,陆续配齐,加入新
旧钞补乃成完书。""昔在弱冠之年,曾得惠定宇栋、沈小宛钦
韩两先生校本,先后迻录,颇便研诵。以宋本罕觏,别校此本存
之。仁和吴伯宛昌绶闻有此举,先以净本寄赠沅叔,乞假携将,
有馈贫之雅。"(页 27、28)

《三国志》六十五卷 跋云:"朱秋厓先生校本,为江安傅沅
叔所得。钰有意临校,仁和吴伯宛乃购此本寄津。"(页 32)

《大钱图录》一卷 吴氏手跋云:"偶得此《大钱图录》,因以
一分奉茗理籛分藏之。""坚孟名位未可量,异日敭历大农,或
际议圜法时,出此一为考覈,定当忆及荛献。书此以为息壤,不
第志吾两人在菰芦中通书之乐也。光绪丁酉三月二十六日,仁
和吴昌绶记于江苏按察署斋。"(页 191)章先生在此书后跋
云:"吴伯宛赠本。读书衣识语,汗涔涔下。近因钱荒,当局有广
铸铜币之举。其数以一当制钱十,其文则中西合璧。虽同一变
通圜法,而风会迁流,有莫之为而为者。繙帋故纸,触处生感。
甲辰四月记。"(页 192)

《孟东野集》十卷 跋云:"双照楼主持赠此集,因借所藏明
弘治本校之。"(251)

《酒边集》一卷 宋临江向子諲撰 民国四年仁和吴氏双照
楼覆宋刊本 一册 吴氏手跋云:"《酒边集》初印本,奉赠式之
长兄。""年来常与茗籛主人晤对,狂谭快论辄于酒边倾泻。今

芟林《酒边集》刻成,不可不志此一段因缘。三十年后展玩此
箧,得毋风景之殊之感!乙卯十日,仁和吴昌绶。""日闻人道白
石、梦窗、草窗、碧山、玉田一流,吾极厌之,此皆乱世闲民,藉
重声律,与道学头巾心同迹异,其猥鄙何可胜言!吾刻宋元词,
力祛此辈,独与众争。书此以当揭蘖。甘逊再记。"(页453)

《结一庐朱氏滕余丛书》四种一百十二卷 跋云:"武进董
授经康得宋刻本于日本,付珂罗板照印,丝毫毕合,先成十一
卷。吴伯宛寄视,并日校讫。""十一月二十七日,印臣复以三卷
寄校,正集遂毕。""十一月上旬,伯宛续寄七卷,照校毕。""是
月十日,伯宛复寄视九卷,续校毕,并外集计之已得半矣""后
朱氏刊行之八年,岁次癸丑九月下旬,借吴伯宛藏本,校读于
天津宇纬路宇泰里赁舍。长洲章钰记。""甲寅正月,伯宛复寄
视影照宋本,乃以朱笔校之》"(页335、336)

吴伯宛曾在章先生藏书上作跋。

《砚笺》四卷 吴氏手跋云:"茗鋖主人以沈宝砚、张韧庵两
本合校,手写精绝,前辈风流于兹不坠,付工装竟,率题奉归。
乙卯九月,昌绶记。"(页224)

《莫高窟石室秘录》一卷 吴氏手跋云:"此本与今所见不
尽合,或有新编之目,已函询,朱韫、伯斧、扞郑所印各本,想阅
悉,不另寄。绶注。"(页381)

《艺风堂文别存辛壬稿》一卷 吴昌绶手跋云:"艺风寄《辛
壬稿》二册,其一当是赠兄者。甲寅九月四日,奉式之老兄,甘

遄邨萌酒边记。"（页 442）

吴伯宛曾假录、借观章先生的藏书。

《尧圃芳林秋思图卷题识》一卷 吴氏手跋云："此卷从茗理主人叚录，刻附尧翁杂著后，昌绶记，时癸丑暮春，京城西隅寓舍。"（页 182）

《灵鹣阁丛书》存五十五种九十四卷 吴氏手跋云："后二十年乙卯岁，从茗簃先生借观，小有签记，殆所谓强不知以为知者。仁和吴昌绶。"（页 335）

有吴氏请章先生重编、详阅、详校者。

《劳氏碎金》三卷 吴氏启事云："弟处无一本存，只此孤帙，历年搜补亦在其中。求兄代为重编，即指示写官，照其每行字数钞成，依次剪开粘接，大约只中卷费事。琐琐续求，想蒙俯允。近甚恨京师刻工。仍付排印百本何如？"（页 183）

《四库全书荟要目》一卷《南薰殿尊藏图像目》一卷《茶库藏贮图像目》一卷 吴氏手跋云："原本已还馆中，绶只看出一误字，仍求详阅一过，记其页数、行数，示知改补。此本即留备检覈。丁巳八月，昌绶。"（页 376）

《道藏阙经目录》二卷 吴氏手跋云："此本亦求详校，原书即归还沅叔。兄如有考证，加一跋语，更妙。昌绶。"（页 379）

《歡古堂骈体文钞》一卷 吴氏手跋云："是岁长夏，仁和吴昌绶从坚孟先生许借观。"（页 441）

在《尧圃藏书题识新辑底本》的章先生跋语之后，吴氏手书《和尧圃题元本李长吉诗集一绝》云:"百五年前秋色晴,廿止醒人书眼明。一纸传钞归故国,风涛万里挟秋声。追和尧翁己巳重阳前后之作。"(页182)

以上所述,是从吴伯宛方面谈的;下面再从章先生方面来谈。

章先生依据吴伯宛所藏之书校书多种。

《晋书》一百三十卷《音义》三卷《考证》一卷 跋云:"据仁和吴氏双照楼藏旧本校。"(页34)

《五代史》七十四卷 跋云:"癸丑五月十三日,假吴伯宛藏本校读。"(页48)吴伯宛函云:"有元宗文书院本可以借校。"(页49)

《宋史》校记云:"癸丑冬,曾借伯宛藏元刊《北史》校至四十一卷。"(页62)

《孔丛子》七卷 跋云:"甘遯又得明七卷无注本,三校之后补脱订误不知凡几,所见各本,以此本为最佳。"(页206)

《世说新语》六卷 跋云:"光绪壬辰嘉平,据吴君伯宛所藏繙袁本对校二过,并录其题记。"(页236)

《三宋人集》四十八卷 跋云"癸丑九月十八日校,越日再校。两本均仁和吴伯宛藏。章式之记。"(页308)

《宋六十名家词》八十九卷 跋云:"……甲寅四月二十九日,借双照楼藏本写记。"(页320)

《槐庐丛书》四十六种二百三十三卷 跋云:"乙卯八月下

句,从双照楼见之,因校一过。"(334)

《孝献庄和至德宣仁温惠端敬皇后行状》一卷《传》一卷
跋云:"天津图书馆藏有金文通集,以朱笔补填缺字,戊辰上巳
检《松邻遗刻》初印本记之,霜根学人。"(页152)

《词选》二卷《续词选》二卷《附录》一卷 跋云:"从仁和吴
氏双照楼藏本传录,题署、评校、圈点,凡位置、笔色一依原
本。"(页321)"……伯宛词盟寄示秘笈,率题志幸,宜付蕊圆
如公子珍重护持之。"(页323)

章先生藏书中有两种与吴伯宛有关。

《胡菊圃残稿》一卷 书衣题:《胡菊圃残稿》,伯宛所收,茗
簃手治。"(页293)

《乌丝词》四卷 函签题:"《乌丝词》松邻旧物,茗理得而记
之。"(页454)

吴氏所刊词集,多倩章先生为之精校。

《近体乐府》三卷 函签题:"双照楼最初印景刊本词五种,
茗簃手校并书签,书成后五年,辛酉九月记。"(页316)

《近体乐府》三卷 函签题:"仁和吴氏景宋刊本,茗理手
校。"(页316)

《醉翁琴趣外编》六卷 函签题:"双照楼景宋本《琴趣》三
种:欧阳文忠、晁闲斋、晁补之,茗理校定本。"(页316)

《于湖居士乐府》四卷 函签题:"仁和吴氏影宋本,茗理手
校。"(页317)

《渭南词》二卷 函签题："《放翁词》《石屏词》《梅屋诗余》。双照楼景宋本,茗籍手校。"(317)

《知常先生云山集》一卷 函签题："景宋本《鹤山先生长短句》、景元本《知常先生云山集》,茗籍为松邻校。"(页317)

《可斋词》七卷 函签题："景宋本《可斋词》,茗籍所校。"(页317)

《花间集》四卷 明万历四十八年刊《词坛合璧》本 二册 跋云："本书十卷改作四卷,既失本来面目;照录原序,末行署年号忽又改写,几不可通。音释不知出谁手,尤为浅陋。此为老友吴伯宛弱冠以前阅本。至宣统季年,乃发兴景刊宋元本词。此书则用正德陆元大本,钰曾为之详校,逐字逐笔无少苟者。百年后,当与北宋本等价耳。乙丑闰月。"(页319)

《花间集》十卷 函签题："影明正德陆元大仿宋《花间集》十卷,为双照楼精校,存此为有志传古者法式。辛酉九月。"(页319)

《草堂诗余》三卷 函签题："《草堂诗余》,茗籍为松邻校景元本。"(页319)

《中州乐府》一卷 函签题："《中州乐府》,茗籍校双照楼刊本。"(页320)

章先生还代吴伯宛之女蕊圆手辑诗文词遗稿。

《松邻遗集》文四卷 诗五卷 词二卷 仁和吴昌绶撰 先生手写本代吴女蕊圆编 三册 有邵章校注(页301)

28.吴重憙

"吴重憙字仲怿,一字仲饴,晚号石莲,山东海丰人。式芬子,潍陈介祺婿。官至河南巡抚。收蓄金石图籍甚富。辛亥后与先生同客津沽。常以金石目录之学相质证。所藏秘笈,先生大都寓目,或题或未题。所刻有《九金人集》《山左人词》,所著有《石莲闇诗词》。"(页147顾廷龙按语)

章先生依据吴氏藏书校书多种。

《契丹国志》二十七卷 跋云:"据艺芸精舍钞校本校。……题语谓从元刊本影出,或当有据。今藏海丰吴氏,乙卯三月借校,五日讫事。"跋石莲闇藏艺芸精舍景元本稿:"此书,《渔洋书跋》、《读书敏求记》均未标明何本,惟士礼居藏十七卷,乃残元本也。今通行扫叶山房刻本系出四库,不但删去胡安国说及上方小字标目,凡文中触目字样均经馆臣改过,与钰前见孔荭谷钞校邵二云手辑《旧五代史》原本相同。此本尚存真面目,致可珍秘。乙卯四月,借校一过因记。"(页146、147)

《大金国志》四十卷 跋云:"据海丰吴氏藏十一行二十二字旧钞本一校。""据海丰吴氏藏五砚楼钞校本三校。"海丰吴氏藏十一行二十二字旧钞本跋:"……先生既藏艺芸《契丹志》,又藏此本及五砚楼本,发箧见视,老辈开牖后学之遗风于今未坠,视昔藏书家以不借本署卷尚者,其度量之相越何如也!"(页148)

《说苑》二十卷 跋云:"甲寅从海丰吴氏借读,转校一过。"

（页 207）

《鲒埼亭集》三十八卷《年谱》一卷《外编》五十卷《经史问答》十卷 跋云："蓝笔据海丰吴氏藏钞本校。"吴本题语稿："承石莲先生示读，因并校一过，且手录李元仲别传一篇，以补史刻之阙。研说所及，辄附管见，俟先生审定焉。乙卯三月，长洲章钰记于析津。"（页 281、282）

陆敕先校宋本《国语》跋："……莪翁当日未克亲见，越百余年为海丰吴氏得之。""因录校记一通，请石莲先生正定。"（页 330、331）

《常州先哲遗书》四十一种四百三十三卷 跋云："据海丰吴氏藏旧钞本校。乙卯五月，长洲章式之。"（页 337）

《隶释》二十七卷《隶续》二十一卷附《隶释刊误》一卷 跋云："海丰吴氏藏有楼松书屋汪氏原印《隶释》二十七卷、《隶续》二十一卷。《隶释》曾据阳曲傅山人青主校本临校。石莲抚部属为题记，因传录一过。"（页 193）

《乐圃馀稿》十卷《附录》一卷 跋云："从海丰吴氏传录。""此册为拜经楼旧藏，今归海丰吴氏。重其为乡先贤遗著，传录一过并书所见志之。乙卯十二月。"（页 260、261）

章先生藏书中有一部《金石汇目分编》，为吴仲怿之父吴式芬撰，章先生在该书函签题："吴子苾先生《金石汇目分编》，哲嗣仲怿抚部付刊，因有抽改处，尚未印行。作古后，无人问讯。残版在文奎斋，印一分藏之。"（页 186）

　　章先生在《宋史》校记中记载："丁巳十月二十一日,是日下午往谒吴仲怿先生。"(页62)

　　章先生所藏《宋六十名家词》中之《酒边》、《龙洲》两集,曾为吴重熹借读,有"仲怿眼福"印。(页320)

　　29.吴慈培

　　"吴慈培字佩伯,别字偶能,云南保山人。炳子,杨士骧婿。清直隶候补道员。好学问,富收藏书籍,精校勘,影写宋本书尤为精雅。民国初年,与先生及傅增湘、邓邦述同寓津沽,往还最密。身后,其手勘及摹写各书皆付藏园老人为之保存。其校订两汉纪致力最勤,唐诗亦多校本。没时年甫三十。"(页30顾廷龙按语)

　　章先生曾借吴氏藏书据以校勘书籍。

　　《华阳国志》十二卷　跋云："保山吴偶能慈培有题襟原印本,借归逐字勘过。"(页158)

　　《吴地记》一卷《后集》一卷　跋云："黄荛圃校《吴地记》系用《古今逸史》本,保山吴偶能慈培临校,故纤悉毕肖。箧中无《逸史》本,则驰取吾郡局刻存之。局刻似出钱刻而不能尽符,因先列《逸史》本与局刻之异同,而后再传黄校。"(页161)

　　《中论》二卷　跋云："癸丑九月十三日据吴佩伯藏明本校。"(页209)

　　《庄子集释》十卷　跋云："据保山吴偶能慈培校宋本传校。"(页244)

30.汪开祉

"汪开祉字鹤龄,江苏吴县人。清直隶补用道。书法宗蕺
山。名于时。父之昌,字振民,吾吴经学大师,有《青学斋集》行
世。尝主正谊书院经古月课,学古堂学长,先生遂著弟子籍。"
(页141 顾廷龙按语)

章先生手钞之《补南唐书艺文志》,即从汪开祉借得。先生
在跋语中写道:"光绪戊戌三月,从鹤龄行箧借得先师手稿。已
亥二月,坚孟手录。"(页160)

章先生还曾寄寓汪开祉处。《资治通鉴》校记中云:"兵衅
渐近,犹强为镇定,至四月十八日则真祸在眉睫矣,乃寄寓英
国租界三德里世兄汪鹤龄开祉处。"(页134)

31.汪家玉

"汪家玉字鼎臣,江苏新阳人。之昌侄孙。清光绪癸巳举
人,民国后任苏州草桥中学校长十余年。好音律度曲。晚年学
佛。民国二十四年卒,年六十八。"(页243 顾廷龙按语)

《列子》八卷 跋云:"俞先师说及孙诒让说,系新阳汪鼎臣
家玉检补,钰所照录。"(页243)

32.沈修

"沈修字绥成,别署曰孔修、曰休穆,江苏吴县横金镇人。
清诸生。曾任存古学堂教员。光绪辛丑间,与先生时相过从。善
为文,学六朝,近于涩体,颇似樊宗师。尝欲作二书:一为原书,
一为经治,未成。民国十二年卒,并六十。遗稿属孙宗弼伯南、

吴梅瞿庵为之理董，二十四年春成《未园集略》八卷，醵金印行，先生雅重旧交，亦与捐资。"（页314顾廷龙按语）

章先生藏书中之《小浮山人所藏词翰录存》有沈氏手跋云："辛丑秋，从坚孟段读一过，添注两条，并录……诗人行箧。沈修。"（页314）

33.沈曾植

"沈曾植字子培，号乙盦，晚号寐叟，浙江嘉兴人。清光绪庚辰进士。官安徽提学使，丁巳复辟授学部尚书。著述甚多，或刊或未刊。"（页310顾廷龙按语）

《江西诗派韩饶二家集》六卷　函签题："重刊《江西诗派韩饶二家集》，沈子培尚书寄赠。"（页310）

34.张一麐

"张一麐字仲仁，号公绂，别署民傭，江苏吴县人。清光绪己酉举人。与先生有昆季之约，同举经济特科。民国初年一任教育总长即息影田园，著述自娱。尝收得其亡友海宁许克勤勉甫藏书。许氏邃于经学，著有《读周易日记》，藏书多经铅椠，尤可珍秘。"（页68顾廷龙按语）

《宋史》校记云："元刊《宋史》乃仲仁书。""元刊《宋史》曾校《艺文志》八卷，纠补新刻甚多。丙辰十月，仲仁复以全帙见假。""今承仲仁三年之假，遂得终卷。"（页62、65、68）

《白虎通疏证》十二卷　跋云："仲仁借示《续汉》邵作舟班卿氏所校汪士汉刊本。"（页228）

《高季迪先生大全集》十八卷 跋云："此书考订、校勘、评点三者皆备，是义门何氏读书家法。""钰自避地以来，以校书遣日。通假朋好，以宋元本勘正通行本，卷已逾千。传录义门评校亦有《三国志》《飞卿》《昌古》《三唐人集》《中州集》多种。此书为仲仁所得，寄津审视，为照写一过，冀使赉砚斋谆谆诱人之法多留一种子云。甲寅二月。"（页267）

35.张文孚

张文孚字叔诚，通州张翼子。与先生同寓津沽。时延先生为子懋鹏授经。横翠簃为张文孚之厅事。（据141页顾廷龙按语改写）

《资治通鉴》校记云："戊辰六月朔日，负翁馆于横翠簃，时年六十又四。""十一行二十一字本为百衲宋刻六种之一，以涵芬楼近印全部，张馆架上有之，遂重校一过。""钰在寓校十一行二十一字本，系借蟫香馆及横翠簃两家书。"（页93、95、132）

36.张兰思

"张兰思原名继良，字双南，号懃生，别号南䫉，江苏常熟人。清光绪乙未进士，入翰林。官山东莱芜知县。辑有《佚存甲集》《瓶庐诗补》。"（页278顾廷龙按语）

《抚云集》九卷 张氏手跋云："老友章坚孟征君藏钞本《抚云集》九卷……今幸得睹本来面目，木菴删定之苦心与初白不朽之期许，皆不至湮没，亦可谓文字之灵已已。乙丑初夏，过盦

张兰思识于天津寓舍。"（页277、278）

37.张是保

"张是保字诵穆,江苏长洲人。是彝弟,诸生,官上元训导。"（页328顾廷龙按语）

《奇晋斋丛书》残本存八种七卷 跋云:"《奇晋斋丛书》残本三册,张诵穆丈所赠。"（页327）

38.张炳翔

"张炳翔字叔鹏,江苏吴县人。清光绪癸巳举人。尝从叶昌炽问学,治《说文》、金石之学。家亦设有药肆曰张养济。晚年赁庑悬桥巷洪钧别墅。民国二十一年卒。"（页70顾廷龙按语）

《金源劄记》二卷《又劄》一卷《史论五答》一卷《吉贝居暇唱》一卷 清乌程施国祁撰 跋云:"施先生市隐著书,极似吾乡张蓉亭先生。蓉老好许氏说文学,钰及见之,时在阊门外渡僧桥堍沐泰山堂药肆主会计。楼上两案:一为帐籍,一则皆各家言许学刻本。自订素册,暇即纂录。钰时垂髫,未及问业。且闻无后嗣,不知有成书否? 汪侍郎鸣銮曾书'彰许隐韩之室'六字榜之。钰同案友张炳翔刊《许学丛书》,大半取裁于蓉老也。辛酉三月检书类记于此,盖皆四十年前事矣。钰。"（页69）

39.张耕汲

《道古堂文集》四十八卷《诗集》二十六卷《集外诗》一卷《轶事》一卷 跋云:"宣统三年二月二十七日,复见一本于杭友张耕汲处,字句与刻本无大异同。"（页283）

40.陆长佑

"陆长佑字孟孚,江苏太仓人。增祥孙。清季官江苏巡警道。"(页167顾廷龙按语)

《巡城琐记》一卷 清太仓陆毅撰 跋云:"丙辰十月初七日,孟孚手赠。匪莪先生,孟孚八世祖也。沈《序》未详,为补识之。"(页167)

41.陆廷桢

"陆廷桢字斡甫,晚号溉釜,江苏吴江人。清光绪己丑举人,与先生为同年,壬辰成进士。官商城知县。著《思耆斋賸稿》。"(页249顾廷龙按语)

"庚申正月初九日为太仓年家陆伯母八十正庆,举家往祝。"(页60)

《陆宣公集》二十二卷 跋云:"同年陆斡甫藏有蔡注,曾许寄校。""是年十月,斡甫同年即携以示余。"(页249)

《亭林诗集》五卷 跋云:"此先友浦莹阁遗书,题字即其手笔。前又见徐教谕(忘其名)新注本,极详,为斡甫陆同年携去,当再觅之。"(271)

42.陆增炜

"陆增炜字彤士,江苏太仓人。清光绪戊戌会元。官民政部郎中。"(页337顾廷龙按语)

《结一庐朱氏賸余丛书》四种一百十二卷 跋云:"癸丑正月三日,太仓彤士陆君复视钱犀盦藏旧写本,取校一过,知钱

本与朱刊底本同出一源，而写官较详审。校改甚多，甚为快事。"（页 336）

43.陈仁先

《读书敏求记》四卷 跋云："……十一月下旬，同征友邓正盫以吉林交涉使入觐，于其邸中见汉阳叶氏影钞沈刻本中附黄荛夫校语极多，为管刻本所未具者。讯知为蕲水陈氏仁先同年家藏，复丐孝先转借。荒馆无事，分别补入。素不善蝇头书，勉强为之，五日而毕。"（页 174、175）

44.陈汉第

"陈汉第字仲恕，号伏庐，浙江杭人。曾任国务院秘书长。工画竹，富收藏。侨寓旧都，与先生契好，往还最密。"（页391 顾廷龙按语）

《伏庐印影》不分卷 陈氏手跋云："《伏庐印影》奉赠式之先生鉴赏，汉第。"（页 391）

45.陈如升

"陈如升字同叔，江苏宝山人。为咸同间词家，尤娴目录之学。著《尺云楼词》，刊有《沧江乐府》，以'细雨桃花燕子愁'七字得名。晚年客游吴中，年长先生三十岁，订忘年交。时手写闲冷无传之本相贶，故四当所藏陈氏手写本甚多也。""练滨渔父，陈如升别字也。"（页 31、423 顾廷龙按语）

章式之先生在《陈同叔先生手写稿》跋语中，对陈如升也有介绍："陈先生讳如升，宝山罗店镇人。少以词名，刻入《沧江乐府》。光绪二十年后来游会垣，写赠书多种。读《典衣行》，其老境亦可伤矣。曾夒屺瞻，其长子名也。追念前游，为之腹痛。戊午四月钰记。"（页300）

陈同叔所赠书，章先生均有具体记录。

《宋椠汉书残本考异》不分卷 跋云"《考异》无刊本，此书为陈丈同叔所钞赠。原书系子戴藏本。"（页31）

《忠雅堂诗集》二十七卷《补遗》二卷《词》二卷 跋云："《忠雅堂集》共八本，此其第八本也。前七本已赠仁和周子云孝廉元瑞，因箧中别有陈同叔丈赠重刻本适无此数卷，故抽出存之。甲辰三月二十九日记。"（页283）

《小松园阁杂著》二卷 书衣题："此为宝山陈丈同叔于光绪戊戌年前后所赠。丙子三月十七日，式之。"（页292）

《戏鸥居词话》一卷 跋云："陈同叔分钞两册见赠。今仅存此。"（页324）

《智品》十三卷 跋云："宝山陈同叔先生手赠。"（页396）

《万言书》一卷《啸古堂文钞》一卷 函签题："蒋剑人《万言书》手稿，曲园师、邠亭老人题记，陈同叔先生手赠。癸亥六月，钰记。"（页440）

《玉台新咏》十卷 跋云："此书系陈丈同叔手赠。二、三、四册及书根，均属钱竹汀先生所标记。虽稍残破，无从重装。戊戌十一月初七，烧烛记之。"（页443）

《山中和白云》一卷 函签题："蒋剑人手写词稿，陈同叔先

生旧藏,垂老乃以见贻。茗籡。"(页 457)

　　章先生还藏有陈同叔的遗笈及待刊之书。

　　《国难睹记》一卷附《吴三桂上圣祖书》跋云:"陈同叔丈遗笈《吴三桂书》,桐城萧敬孚辑入所著《类稿》中。丙子三月十七日,式之。"(页 151)

　　《绝妙近词补》二卷　函签题:"《绝妙近词补》二册,宝山陈同叔丈手写所选本,记以待刊。"(页 324)

　　《陈同老选诗》不分卷　清宝山陈如升编　手稿本　二册(页 449)

　　章先生藏书中之钞本,有请陈同叔代为校对者。

　　《左萝石忠贞公文集》七卷　跋云:"此集底本系孙伯南世讲佐校湖湘得诸坊肆……念是罕见刊本,段归饬胥传录。卤莽灭裂,几不成书。因丐陈丈同叔对校一过,并承代录年谱目录,手治成册,因记颠末。"(页 269)

　　《山中和白云》一卷　先生手钞本　一册　有陈如升签校　跋云:'右词二卷、诗两首,宝山蒋剑人敦复手写稿,未经付刊者也。丙申四月二十三,陈同叔丈手以见示。五月初八、初九灯下录之,并欲请陈丈校误焉。坚孟写毕并记。"(页 318)

　　章先生曾从陈同叔处借录书籍。

　　《小松园阁诗录》八卷　钞本　跋云:"《小松园阁诗录》八卷,光绪甲午、乙未间从宝山陈同叔如升丈处借录。"(页 292)

　　章先生在藏书的跋语中还曾记下了陈同叔的谈话。

《自然好学斋诗钞》十卷 清仁和汪瑞撰 跋云:"陈同叔先生尝言,颐道堂、澄怀堂、自然好学斋三种,夫不如妻,父不如子。今读此集,前数卷思洁体清,出自巾帼殊为桀出。媚守而后则溺于神仙家言,与云伯莫年一辙,殆所谓以妄塞悲者耶!《小云集》未见同老所言,固未敢遽信也。戊申九月二十一日,记于秣陵古澄心堂。"(页292)

《小松园阁诗录》八卷 清嘉定程庭鹭撰 钞本 跋云:"《小松园阁诗录》八卷,光绪甲午、乙未间从宝山陈同叔如升丈处借录。为言王文韶幼年寄寓嘉定,为序伯先生所辟咡。文韶贵后,觅其遗集欲刊之,既而不果刻。有往询者,亦含胡应之。负恩之徒,文韶其尤也。此本系钞胥所为,误字极多,姑为校读,以俟有力而能刻者。"(页292、293)

46.陈伯雨

《金陵通纪》十卷《续纪》四卷 书衣题:"陈伯雨先生持赠。己酉四月二十九日。"跋云:"宣统元年四月二十九日,伯雨陈先生顾余白下寓庐,手此书见赠。老辈嘉惠之心,令人感佩。"(页164)

47.姒继先

《宋史》四百九十六卷 跋云:"是书系据元刊本校……先后断续,计四年方终卷。会稽姒继先同年锡章复携去,将校改处与武英殿本对勘。……庚申六月十四,酷暑。长洲章钰记。"(页50)

48.邵章

"邵章字伯绸,号倬盦,浙江仁和人。懿辰孙。清光绪癸卯进士,入翰林。官奉天提学使。收藏石刻墨拓尤富。与先生同居旧京,时从商榷文字。著有《云淙琴趣》。(页160顾廷龙按语)

《天下一统志》九十卷 跋云:"壬戌八月在清史馆得万寿堂刊本《明一统志》一帙,并时又有日本刊本一帙为同年邵伯绸所收。"(页160)

《楚南金石录》一卷 邵氏手跋云:"余藏有十三行拓本……汪氏不知姓名,姑录备考。著簶同年证之。邵章。"(页384)

《半岩庐所著书》十种三十五卷 清仁和邵懿辰撰 民国二十年仁和邵氏家祠刊初印本 十二册 邵氏手跋云:"甲戌之岁,全书告成,谨以一帙诒式之齐年勘正。邵章敬志。"(页462)

49.林志钧

《岭雪轩琐记》四卷 林志钧赠(页231)

50.罗振玉

"罗振玉字叔蕴,一字叔言,别号雪堂,浙江上虞人。清学部参事。以发扬殷墟文字、流传西陲古物有功学术。与先生同客津沽,往还甚密。尝同办博爱工厂。先生分主印刷事。东方学会所出书数十种,皆先生经营校印者也。"(页24

顾廷龙按语）

章先生藏书中有罗振玉所赠者。

《汉熹平石经残字集录》一卷《补遗》一卷 书衣题："上虞罗叔言参事近著,己巳十月十四日寄赠。"(页 23)

《法帖释文考异》十卷 函签题："明顾从义《法帖释文考异》二册,光绪乙巳罗叔言赠,时同事学务处。"(页 385)

章先生曾据罗振玉藏书校勘书籍。

《大金国志》四十卷 跋云："据上虞罗氏藏读画斋校钞本四校。"(页 148)

《古清凉传》二卷《广清凉传》三卷《续清凉传》二卷《补陁洛伽山传》一卷 跋云："上虞罗叔言参事振玉藏洪武丙子性彻刊本……借与蒋本对勘。"(页 240)

《笠泽丛书》四卷《补遗》一卷《续补遗》一卷 跋云："庚申七月二十七日,从执友罗叔言藏戈氏父子校本传校。"(页255)

《黑鞑事略校记》一卷 跋云："上虞罗振玉重印《黑鞑事略》,钰有传录本与之略同。钰本曾由吴县曹君直舍人元忠以旧写本校过,多可取者,因得校记若干条,曹校列上,罗本列下。丙寅正月,长洲章钰。"(页 166)

章先生的藏书,有的有罗振玉手跋。

《通历》十五卷存卷四至十五十二卷 钞本 罗氏手跋云："宋以前人所著通历存者至少,此为仅存之写本,至可宝矣。光

绪戊申正月人日，上虞罗振玉稼民题记。"（页361）

《司马温公年谱》八卷《卷后》一卷《遗事》一卷 清无锡顾栋高撰 稿本 罗氏手跋云："此谱则仅一见于朱氏《开有益斋读书志》，盖仅有稿本未刊行者。此本缮写端好，当是顾氏原稿定本。光绪丁未得之厂肆，戊申正月上虞罗振玉题记。"（页367）

《傅青主先生年谱》一卷 罗氏手跋云："宣统辛亥二月，山阳丁氏衡甫中承出缪艺风参议、段笏林广文所撰《青主先生年谱》属为增补。两家所制殊简略，因别撰此谱，青主先生大节，略可见矣。戊午三月，谨奉式之比部教正。上虞罗振玉记。"（页368）

章先生藏有一书与罗氏所藏"印文全异"者。

《铜锣书堂藏印》不分卷 清宛平查礼编 跋云："上虞罗氏藏有《铜鼓书堂集古印谱》二册，前题宛平查礼恂叔辑藏、男淳编次二行，无序跋。先官印，后私印，私印以韵为次，与此本印文全异。"（页222）

章先生在《梁书》校记中，曾记罗氏来访一事："庚申六月二十五日晡前校武英殿本，雪堂、君九来谈。"（页41）

51.罗振常

《资治通鉴》校记："今年夏季既全校涵芬楼影印十一行二十一字本宋本，终以未见孔刻全本为憾。上虞罗子经振常来津，云有孔刻完帙，允设法寄津。""钰于丁巳六月得孔刻残本校过后久已置之。今夏尽一季既校涵芬楼景印宋十一行二十一字本后,终以未全校孔本为憾。六月下旬,上虞罗振常子经自上海来谈,云藏有孔刻全帙,允抽借补校。"(页114、122)

《论衡》三十卷 跋云:"乙丑秋日,上虞罗子经振常借往沪上,云渠有校本,得此而补益为多,未知其审。"(230)

52.金兆蕃

"金兆蕃字篯孙,浙江秀水人。与先生同乡举。著《安乐乡人诗集》。"(页156 顾廷龙按语)

《疑年赓录》二卷 书衣题:"戊午三月初六日篯孙同年寄赠。"(页156)

53.金诵清

《开有益斋读书志》六卷《金石文字记》一卷《读书续志》一卷 书衣题:"辛酉四月老友金诵清购得寄赠。"(页183)

54.周子云

《忠雅堂诗集》二十七卷《补遗》二卷《词》二卷 跋云:"《忠雅堂集》共八本,此其第八本也,前七本已赠仁和周子云孝廉元瑞。"(页283)

55.周学渊

"周学渊字立之,安徽秋浦人。馥次子。与先生举经济特科同年。同寓津上,时从唱和。"(页69 顾廷龙按语)

《宋史》校记云:"庚申正月初四日,是日雪后极寒。午后,建德周立之学渊来谈,语多奇警,有心人也。"(页59)

《柳河东集》四十三卷《别集》二卷《外集》二卷《附录》一卷

跋云："辛酉二月中浣，借周立之同年传录某氏评点本，照录

毕。"（页250）

56.周星诒

"周星诒字季贶，河南祥符人。清光绪中，官福建建宁知

府。精目录学，收藏甚富。解组后，寓吴中，与先生订忘年交。庚

子己亥间，先生亦与周氏及费念慈屺怀、章寿康硕卿、查燕孙

翼甫、萧穆敬甫、曹元忠君直、顾麟士鹤逸诸人往还最密。"（页

360顾廷龙按语）

《周书》五十卷 周氏手跋云："……书之所贵旧版、旧钞，

不仅以其古色古香与法书名画争胜于年深代远也，记此以示

后人，勿以其纸版漫漶遂尔薄之。乙丑八月十一日，周星诒识

于邵武。"（页360）

57.周祖琛

"周祖琛字伯澄，浙江会稽人。父蕴良，字味仁，号惕斋，与

先生为光绪癸卯会榜同年；治宋明哲学，组织绍兴志学会，著

《惕斋集》。"（页141）

《资治通鉴》校记："戊辰五月十四日，津上相识以乱后过

求是寓庐，各道经过，同付一叹，而以年家子周伯澄祖琛所谈

为最深远。"（130）

58.周德鑫

"周德鑫字仲芬，江苏吴县人。清光绪甲午优贡。官湖北知

县。精鉴别，收藏古泉甚寓。著有《千镜万泉楼镜钱谱录考
释》。"(页 192 顾廷龙按语)

《遗箧录》八卷 跋云："周君仲芬绳此书于钰，即驰书锡山
索之。见地超特，一洗刘喜海师陆、戴文节、鲍康、李佐贤之习，
极可研悦。钰私约：阅一日，必增一册书，为不虚度。新年得此
佳品，且所谈阿堵物尤为利市，欣喜记之。"(页 192)

59.宗舜年

"宗舜年字子戴，号耿吾，江苏上元人，世居常熟。源瀚子，
德清俞樾孙婿。清光绪戊子举人，与先生同举经济特科。收藏
金石图籍甚富。所居曰怨园。时游吴中，即寓马医科俞太史著
书之庐。民国二十二年卒。""清光绪戊戌己亥间"，赵止扉"尝
与先生及俞陛云阶青、邓邦述孝先、宗舜年子戴诸人泛舟山
塘。意气相投，遂结兄弟之盟。时有细雨，归倩金烂心闱作《吴
舲话雨图》纪之。洎五人又同举经济特科，时人以'五凤'誉之，
传为佳话。"(页 31、152 顾廷龙按语)

章先生在跋语中曾记下了几人交往的情况。

"戊戌十二月，云君闳、子戴、石君、孝先作申浦之游。"(页
306)"光绪己亥八月为虞山之游，信宿宗氏怨园。耿吾同征友
邀登唐艺楼，纵览先世旧藏，得见管芷湘先生《读书敏求记》汇
校本，郑重借归，有志过录。"(页 174)"丁未、戊申间，余与耿
吾均为涓阳督部师所辟，先后移家白下。幕府萧闲，又有同征
老友赵止扉来会，日徜徉于煦园之宝贤堂，以谭艺为乐。"(页

174）

章先生所藏之《宋椠汉书残本考异》"为陈丈同叔所钞赠，原书系子戴藏本"。（页 31）在《荛翁书跋》中有宗氏手跋云："茗理书来，属录荛翁书跋，敝藏旧籍有荛翁跋者凡十种，《湘山野录》及《麟台故事》《明秀集》(此两种皆传录本，非手迹)已见潘文勤师所辑《士礼居题跋》，馀七种皆荛翁手跋而潘刻及缪氏两续编所未收者。署中竭一日之力写寄，即乞鉴定。甲寅闰端午日，舜年记。"（页 181）

60.赵宽

赵烈文字惠甫，江苏阳湖人。官易州知州。中岁解组，归居常熟。覃精金石，著有《天放楼集》。子宽，字君阅，号止扉。渊源家学。清光绪戊戌、己亥间，尝与先生及俞陛云阶青、邓邦述孝先、宗舜年子戴诸人泛舟山塘。意气相投，遂结兄弟之盟。时有细雨，归倩金烂心阘作《吴舲话雨图》纪之。泊五人又同举经济特科，时人以'五凤'誉之，传为佳话。"（页 152 顾廷龙按语）

章先生在跋语中曾记载与赵君阅交往的情况。

"戊戌十二月，与君阅、子戴、石君、孝先作申浦之游。"（页 306）"戊申同应端忠敏幕府之辟。"（页 153）"老友赵止扉宽尝语予曰尊公惠甫先生尝读此书(《集古录跋尾》——引者注)而叹之，人问其故，则答曰：'予恨欧公独有此张。'此张，北宋搨本也，虽戏言，足资谈助。"（页 189）

赵君闿曾将友人所赠之书转赠章先生。

《斠书隅录》十四卷 跋云："光绪丁亥三月初七日,蒋稚鹤孝廉持赠赵止扉本。乙未正月二十五日,赵止扉仁兄转赠。止扉有瓯江之役,即于是日首途。良书在案,故人已遥,黯然销魂,只孤灯识此情味也。坚孟并记。"(页229)

章先生也曾将《攀古楼彝器款识》二卷"分贻子戴、君闿诸同好"。(页191)

章先生曾据赵氏藏书传录。

《庚子销夏记》八卷 跋云："己酉闰二月初十日,从止扉同年许见原刻本,上有龚孝拱手录何义门校语。"(页219)

《瞿木夫先生年谱》一卷 跋云："原刊本为赵惠夫先生天放楼旧藏,戊申与哲嗣君闿同幕于两江节署,借得倩缪艺风处写人传录。"(页152)

《都公谭纂》二卷 跋云："己酉四月,从君闿藏本传录。"(页239)

61.赵尔巽

"赵尔巽字次珊,汉军。清同治甲戌进士,入翰林。官至东三省总督。民国任清史馆馆长,聘先生为纂修。"(页160顾廷龙按语)

《天下一统志》九十卷 跋云："又有日本刊本一帙,为同年邵伯绢所收。此日本刊本序,赵次山馆长命胥照录见赠。"(页160)

62.胡玉缙

"胡玉缙字绥之,江苏元和人。清光绪辛卯举人。官湖北知县。许玉瑑女夫,定海黄以周入室弟子。专治经学,旁及乙丙诸部。早年与先生同为乡里所推重,后同为学古堂斋长,同举经济特科,故交谊尤笃。所著甚富,皆成稿待梓。惟《说文旧音补注》刊入《南菁丛书》,已行于世。侨寓旧都者廿余年,丙子秋始归隐于邓尉山麓,犹孜孜于名山之业。"(页 142 顾廷龙按语)

《胡刻通鉴正文校宋记》三十卷《附录》三卷 长洲章钰撰 手定稿本 十四册 有胡玉缙校语(页 142)

《陶楼文钞》十四卷 清贵筑黄彭年撰 长洲章钰、高德馨编 稿本 十五册 有胡玉缙校(页 296)

63.冒广生

"冒广生字鹤亭,江苏如皋人。清光绪甲午举人,与先生同举经济特科。官农工商部郎中,民国后镇江关监督兼镇江交涉员。著《小三吾亭诗文词》。(页 423 顾廷龙按语)

章先生藏《霜猿集》有冒氏手跋。

冒氏广生手跋云:"同叔先生遇罕见集部往往以钞代刻,分贻同好,其用意甚厚。尝钞《王井叔词》及《乾嘉诗坛点将录》见赠,书不工而有古趣。道咸老辈日益雷落,闻其抱病荒邨,可念也。庚子五月,从茗理假观是集因题。"(页 423)

又函云:"今日特使厨娘制蔬菜二篚,送曲园丈。辣酱似甚佳,不知足供老伯母朵颐否?《霜猿集》略校数字奉缴。有书寄

同叔先生,祈道意。五月七日广生白式之仁兄阁下。附呈《话荔图册》,求速赐序,以便携归视内子也。"(页 423)

64.俞陛云

"俞陛云字阶青,号斐盦,别号乐静,浙江德清人。樾孙。清光绪戊戌一甲三名进士,授编修,典试四川。与先生交谊甚笃。着有《小竹里馆吟草》。"(页 271 顾廷龙按语)

光绪戊戌、己亥间,赵君阄"尝与先生及俞陛云阶青、邓邦述孝先、宗舜年子戴诸人泛舟山塘。意气相投,遂结兄弟之盟。时有细雨,归倩金烂心阐作《吴舲话雨图》纪之。泊五人又同举经济特科,时人以'五凤'誉之,传为佳话。"(页 152 顾廷龙按语)

俞阶青曾赠书给章先生。

《春在堂杂文六编补遗》六卷 书衣题:"己酉二月初五,阶青寄赠。"(页 296)

《经课续编》第五卷一卷 书衣题:"《经课续编》第五卷,丙申正月十三日斐葊持赠。"(页 356)

《晋书》一百三十卷存《载记》第二十四至二十七四卷 存二册 俞陛云赠(页 359)

章先生藏书中,有俞陛云手跋者。

《采薇吟残稿》一卷 俞氏手跋云:"己亥三月晦,俞陛云庄诵一通。"(页 271)

《湘麋阁遗诗》四卷《兰当词》二卷 俞氏陛云手跋云:"斐

盦从茗理借观。"（页299）

《朴巢诗选》二卷　俞氏手跋云："'水绘园边打桨过,盈盈桃叶怨微波。影梅绮语丁帘梦,横竹名姬子夜歌。兵火馀生肝胆在,江山奇气乱离多。伟元风木无穷感,白发灯前写蓼莪。'此曩年咏朴巢作也。庚子秋,向茗理借读诗本,漫题卷尾。"（页424）

《闲情集》六卷　俞氏手跋云："《闲情集》初印本,壬寅正月十一,得于厂甸,陞云识。"（页449）

65.施仲鲁

"临校毕事,会稽施仲鲁复借校金陵局刻本。凡局刻与毛刻异者,逐条记出,极为精审,复分别录入。此皆前五六年事。庚申四月十三日辰起久旱得雨,茗簃记。"（页32）

"十七日校。夜,施仲鲁来,与谈坡公《水龙吟·杨花》一阕。"（页48）

66.祝秉刚

"祝秉刚字心渊,江苏吴县人。尝佐江标、王同愈学幕,能篆刻。"（页288顾廷龙按语）

《定盦文集》三卷《续集》四卷《补》六卷　跋云："朱笔据祝心渊过校本过校。"（页288）

67.费树蔚

"费树蔚字仲深,号韦斋,江苏吴江人。延釐子,吴大澂女夫。袁世凯为总统时,任肃政使。以反对帝制,谢归。与先生交素善。民国二十一年春来平养疴大觉寺,唱和为乐。知先生爱小浮山人诗,自失《闭门》《船庵》两集每以为怅,秋后旋苏物色得之,遂以寄赠。越二年,病中风卒。"(页 462 顾廷龙按语)

《小浮山人所著书》八种三十六卷 《闭门》《船庵》集,费树蔚赠 函签题:"《东津馆文集》《功甫小集》《放猨集》《桐江集》《江山风月集》。潘功甫先生著作,尚有《闭门集》《船庵集》已借失。"(页 462)

68.姚文栋

"姚文栋字子樑,号东木,江苏南翔人。尝随使日、德、俄诸国。著有《东槎杂著》《云南勘界筹边记》。藏书甚富,几经兵燹,散失大半。民国十八年卒,年七十八岁。"(页 274 顾廷龙按语)

《归来草堂录》一卷 清吴江吴晋锡撰 长洲章氏算鹤量鲸室钞本 一册 跋云:"原书不著何人手录,副页有'四世孙毓装'五字并'佛弟子'朱文方印。首页顶有'长留天地间'朱文圆印。下应著录者姓名处,已挖去。……此书姚子栋观察于冷摊拾得。钰于乡党遗文宝如头目,假而迻写,并得证明为山子先生遗物,他日当付之剞劂,为《秋笳三集》之佐证焉。光绪丁未,长洲章钰记。"(页 274)

69.夏孙桐

"夏孙桐字闰枝,号悔生,江苏江阴人。清光绪壬辰进士,入翰林。官湖州知府。尝与先生同修清史。著《悔龛词》。"(页 156 顾廷龙按语)

《晋书地理志》一卷 跋云:"此册据夏悔生所藏钞本照录。"(页34)

《黑鞑事略》二卷 跋云:"《黑鞑事略》一册,江阴夏氏钞本,坚孟饬胥录成。乙未十一月。"(页166)

《续碑传集》八十六卷 有夏孙桐签注三条(页156)

70.夏孙穚

"夏孙穚字稻孙,江苏江阴人。孙桐弟。曾从华蘅芳学算,游幕不仕。"(页215顾廷龙按语)

《开方之分还原术》一卷 跋云:"右江阴夏孙穚校本并绘图。丙申二月十七,观所尚斋主见示,照录一分,至不能句读,愧汗,愧汗。十九日记。"(页214)

71.顾麟士

"顾麟士字谔一,号鹤逸,又号西津,别署鹤庐,江苏吴县人。文彬孙。工六法,入神品,名溢中外。藏书画书籍甚富。与先生同里、同庚,尤所契好。著有《续过云楼书画记》《鹤庐画识画趣》《鹤庐藏宋元本书目》。"(页31顾廷龙按语)

《通鉴校勘记》宋本五卷元本二卷 跋云:"癸卯七月,鹤庐赠本。"(页142)

《竹崦盦金石目录》不分卷 跋云:"顾鹤逸钞寄。"(页184)

《竹崦盦石刻目录》五卷 跋云:"仁和赵晋斋《石刻目录》一册,从吴县潘氏滂喜斋散出,为元和顾鹤逸所得。庚戌夏日

寓书鹤逸,遂传录寄赠。"(页184)

《书画总考》二卷 跋云:"此书原本藏元和顾氏,丁未春从鹤逸借得。以无书手,姑属张姓照缮。讹夺百出,高低错落,阅之发闷。戊申元宵,适以小病,杜门姑一对校,始知原本楷法精美,于文理亦不留意。叶氏昌炽《藏书记事诗》有其人,似非瞆瞆者,殊可异也。"(页220)

《曾南丰先生文集》五十卷《附录》一卷 跋云:"光绪癸卯七月,得此书于京都,八月借鹤庐所藏姚春木椿校明刻本度写一过,约略可读。"(页257)

《宋椠汉书残本考异》不分卷 跋云:"拜经楼藏十四卷;据《愚古文存》则张芑堂又藏《扬雄传》上下计二卷;今又见鹤庐新得南沙沈氏所藏《司马相如转》上、《景十三王传》二卷,综计共十八卷矣,已得《汉书》五分之一。钱氏撰《考异》,则真本亡而不亡。鹤庐藏本,暇当仿钱氏《考异》为之。(页30)

《奇晋斋丛书》残本存八种七卷 跋云:"《奇晋斋丛书》残本,三册,张诵穆丈所赠。《炙輠录》《云烟续录》均有校记。枚菴,未知是吴翌凤否?与江郑堂相识,亦必知名士也。丙申二月初四,检书记之。""从顾鹤逸许见枚菴手写《经籍举要》,字迹相同,'德'字缺末点亦一律者,书可宝也。"(页327)

72.钱骏祥

"钱骏祥字念谖,号新甫,晚号聩叟,浙江嘉兴人。清光绪己丑进士,入翰林。官山西学政,著有《晋轺子吟》《微尘馀光》。

民国十七年卒,年八十三。"(页 280 顾廷龙按语)

《樊榭山房诗集》十卷《续集》十卷《文集》八卷《集外诗》四卷《词》五卷《曲》二卷附《汪氏振绮堂诗存》一卷《松声池馆诗存》一卷 跋云:"钱箨石先生评用墨笔,今用蓝笔。""钱衍石先生评用蓝笔,今用绿笔。""宣统辛亥后,警石先生孙新甫太史得此本,壬戌十一月借录。钰记。"(页 278、279)

73.徐乃昌

"徐乃昌字积馀,号随庵,安徽南陵人。清光绪甲午举人。官江苏盐法道。藏金石图籍甚富,又好刊书,有《积学斋》《鄦斋》《随盦》诸丛书。所著亦甚多。"(页 190 顾廷龙按语)

《金石学录》四卷 跋云:"光绪三十四年侨寓秣陵,南陵徐积馀钞赠。李氏刊本已不多见,此书可重付梨枣也。越三年辛亥,宣南客邸检书补记。"(页 190)

《唐女郎鱼玄机诗》一卷 跋云:"《唐女郎鱼玄机诗》,同时南陵徐氏亦景刻一本。""徐本各收藏记均系摹印,似属真面目,较可信也。庚戌六月望日校记。"(页 256)

74.翁斌孙

"翁斌孙字弢甫,号笏斋,江苏常熟人。曾源子。清光绪丁丑进士。由庶常授检讨,官至直隶提法使。辛亥后与先生同隐津上,乐数晨夕。著有《笏斋覆瓿集》。"(页 298 顾廷龙按语)

《瓶庐诗稿》八卷 函签题:"翁文恭《瓶庐诗稿》,己未冬月弢甫廉使赠本。后见张双南订补本。辛酉九月二十三日钰记。"

（页 298）

75.高时显

"高时显字欣木，号野侯，浙江仁和人。清光绪癸卯举人。官内阁中书。善书画，工篆刻。"（页 357 顾廷龙按语）

《广金石韵府》五卷 函签题："《广金石韵府》，艺芸精舍藏书。宣统庚戌乞仁和高欣木内翰补模二页，极可珍。"（页 357）

《西泠五布衣遗著》三十二卷 高氏手跋云："壬子嘉平，奉寄式之先生，时显志于沪上。"（页 451）

76.高德馨

"高德馨字远香，别号鲟溪退士，江苏吴县人。清光绪七年，与先生同补博士弟子员，同肄业学古堂，晚又同侨津沽，相契至深。先生撰述，多就商榷。著有《鲟隐词钞》。"（页 68 顾廷龙按语）

章先生称高德馨是自己的"三同"之友。"远香为钰光绪辛巳同入学老友，生又同——同治乙丑，同读书学古堂，名志相好者四十八年矣。"（页 76）

"戊午正月二十日，是日老友高远香自苏来津，为言故乡凋敝，物价奇昂，柴草百斤值八百文，青菜一斤值五十文，农家无卧被者十家而五，闻之毛戴心悸。""正月二十三日，远香来寓。苏城青菜斤值五十，上海来讯则值百六十矣，闻所未闻也。"（页 54）

"六月十六日，时远香下榻四当斋，乐数晨夕，计一月矣。"

（页 76）"戊辰八月二十四日午前，老友高远香在座。"（页 109）

"初九日校。是日远香来，以录《敏求记校证》底本相商，渐有头绪。"（页 66）

高德馨与章先生在编写、校书、藏书等方面，时相研讨。

《陶楼文钞》十四卷 清贵筑黄彭年撰 长洲章钰高德馨编稿本 十五册（页 296）又民国十二年刊朱印本 六册 （页 436）

《胡菊圃残稿》一卷 高氏手跋云："右《胡菊圃先生残稿》……茗理手治成帙，属写一目，因并记之。时茗理假得《读书敏求记》有菊圃校本，茗理复出视此册，洵与菊圃有缘也。丙辰十月，鲜溪退士记。"（页 293）

《是底言》三卷附《目录》一卷 《目》长洲高德馨补（页 426）

《湖海楼诗集》十二卷《补遗》一卷《词集》二十卷《文集》六卷《俪体文集》十二卷 跋云："老友高远香所得本寄津转录者。"（页 276）

《匏翁家藏集》七十七卷《补遗》一卷 跋云："宣统辛亥丁巳春日，老友高远香德馨假读，签记误字多处，因迻录入卷。"（页 268）

"此本（指《资治通鉴》卷二十二——引者注）脱一页，老友高远香影补，功德如合塔也。"（页 75）

《砖搨本目》一卷 书衣题："丙寅重九前一日，老友高远香

同检过。"(页 195)

《持志塾言》二卷 跋云:"刘先生《持志塾言》一册,己丑冬
间学古堂监院吴梅心履刚师台所赠。书中朱记乃老友高远香
读时所钤。不烦羔雁而得良师,绝有味也。丁巳二月二十四日
记。"(页 210)

章先生还藏有高德馨撰《虎邱访碑偶记》手稿本。(页
384)

77.浦莹阁

《亭林诗集》五卷 跋云:"此先友浦莹阁遗书,题字即其手
笔。"(页 271)

78.陶湘

《楚国文宪公雪楼程先生文集》三十卷《年谱》一卷《附录》
一卷 函签题:"岁丙寅,为涉园陶氏校定后赠本。"(页265、
266)

79.萧穆

"萧穆字敬孚,安徽桐城人。学问渊博,望重一时。清光绪
己亥,先生于祥符周星诒季贶座中识之。《敬孚类稿》卷中记吴
三桂《上圣祖仁皇帝书》一文,仅举可疑者三事辨之,未将原书
载入也。"(页 151 顾廷龙按语)

《国难睹记》一卷附《吴三桂上圣祖书》 跋云:"陈同叔丈
遗笈吴三桂书,桐城萧敬孚辑入所著《类稿》中。丙子三月十七
日,式之。"(页 151)

80.曹元忠

"曹元忠字夔一,号君直,江苏吴县人。清光绪甲午举人。官内阁侍读、资政院议员。淹贯群籍,所著有《议礼》《蒙鞑备录笺注》《笺经室宋元书跋》《司马法笺注》《笺经室词》。又辑逸若干种。晚年尝在吴中行医,活人无算。与先生同庚、同里又同举经济特科,往还甚密。"(页43 顾廷龙按语)

《隋书》八十五卷 跋云:"宣统辛亥十月,假吴县曹君直元忠所藏明本及吴中老辈沈文起钦韩手校汲古阁本移校一过,诸多諟正。"(页43)

《黑鞑事略》二卷 曹氏手跋云:"庚子岁十有一月,从章君坚孟段是册携归唐天马竟室,取家藏本对校毕。吴曹元忠。"(页166)

81.章梫

"章梫字一山,浙江宁海人。清光绪甲辰进士,由庶常授检讨,官至学部左丞。"(页302 顾廷龙按语)

《一山文存》十二卷 跋云:"己未闰七月十六日寄到,校读一过。举胸膈所格格未吐者,明目张胆而出之,石烂海枯,此理不可灰灭,长留天地间,非仅一姓之光荣已也。十八日,钰记。"(页302)

82.章寿康

"章寿康字硕卿,浙江会稽人。清光绪初为张之洞幕客,后知嘉鱼县事。辑刊《式训堂丛书》。笃好金石图籍、书画。尝得

《瘗鹤铭》"也遁石旌"四字一石,名所居曰小石山房。与先生友善,手赠蜀中石墨数十种,中多《攟古志》所未见者。以四川某县佛龛刻经目录数大纸尤为难得。"(页177 顾廷龙按语)

《读书敏求记》四卷 跋云:"宣统辛亥三月,从事京师图书馆,于缪丈艺风所又见此书钞本一册,云为章硕卿钞赠。""硕卿名寿康,会稽籍,为同族尊行。官湖北嘉鱼县知县。乙未、丙申间来寓苏垣,交契甚厚。博雅好古,刻有《式训堂丛书》。各种收藏甚多,随得随散,后以潦倒殁于鄂渚,与缪丈交尤夙也。越岁壬子六月,补记于天津听鹃僦舍。"(页176)

《金石录》三十卷 跋云:"右宗老硕卿先生寿康校赠。"(页184)

《隶释》二十七卷《隶续》二十一卷附《隶续刊误》一卷 跋云:"此册朱笔均吾宗老硕卿先生所校。乙卯清明检记。"(页193)

《文史通义》八卷 跋云:"《实斋集》稿本,见存萧敬夫抡处,同宗硕卿物也。"(页202)

《士礼居黄氏丛书》存二十种一百八十八卷 跋云:"宣统辛亥后丁巳八月,江安傅沅叔增湘借示周栎园、宋牧仲藏本校读,前归硕卿宗老。"(页329)

83.章炳麟

"章炳麟字太炎,号菊汉,浙江馀杭人。清光绪中受业于德清俞氏。先生时亦从游,因相熟识。既而各走四方,遂不复通音问矣。此《春秋左氏读》为章氏早年所著,同门时手赠者。丙子秋,章氏既病殁,先生尝出示此册,为述往事,特附志之。"(页354 顾廷龙按语)

《春秋左氏读》九卷《叙录》一卷 余杭章炳麟撰 章氏手赠(页 354)

84.董瑞椿

"董瑞椿字茂堂,江苏吴县人。清光绪癸巳副贡。与先生学古堂同学。"(页 441 顾廷龙按语)

《歠古堂骈体文钞》一卷 董氏手跋云:"光绪丙申正月己亥日,吴县董瑞椿斠读过"(页 441)

85.蒋黼

"蒋黼字伯斧,江苏吴县人。诸生。清翊子。尝佐苏抚端方,学部二等谘议官。精许氏学、韵学。清宣统间居京师,与先生及罗振玉诸人时相过从。三年卒。所著甚多。"(页 163 顾廷龙按语)

《古清凉传》二卷《广清凉传》三卷《续清凉传》二卷《补陁洛伽山传》一卷 跋云:"宣统庚戌,与敬臣先生子伯斧同官日下,手此册为赠。越岁辛亥八月,寄变猝起,伯斧即于是月晦日以急证作古。玄默困顿辟地析津,检书得此,点逗一过。愿我先友来证胜因。九月下旬,古长洲曙戒学人记。"(页 240)

《纬学源流兴废考》三卷 书衣题:"《纬学源流兴废考》,甲辰十一月初七日,伯斧手赠。"(页 356)

《元秘书监志》十一卷 跋云："光绪丁未十一月,从蒋君伯
斧所借钞。"(页167)

《流沙访古记》一卷 "……以上录蒋伯斧手示译件。庚戌
六月二十九日辰起写记。"(页163)

86.蒋汝藻

《读书敏求记》四卷 跋云："戊午五月,借蒋孟萍藏《敏求
记》三本……已未正月十八日钰记。""戊午五月,从蒋孟萍汝
藻借得一本,多芜翁手识而与叶钞有出入,疑即此跋所云钞胥
窃去之本也。已逐条录入汇校本中。九月十七日,钰记。""蒋
孟萍藏吴兔床本,即《拜经楼藏书题跋》著录者。""戊午初夏,
从蒋孟萍处得吴兔床元本,与《拜经楼藏书题跋》所载符合,校
语朱、绿、墨三色笔均备,为此本所未载者极多,已一一照补入
卷。"(页172、173)

87.蒋贻芳

"贻芳字漱芸,吴庠生,略长于予。其上辈似为小浮山人爱
婿。生自名门,潇洒自喜。光绪己卯,予年十五,为蒋仰韩廷琦
代幽兰巷王氏馆事,其斯介也。学徒名念曾,为予及门之第一
人。回首已五十七年矣。"(页234)

88.傅增湘

"傅增湘字沅叔,别号藏园,四川江安人。清光绪戊戌进
士,入翰林。官直隶提学使,民国后曾任教育总长。富藏书,与
先生通假异书,往还甚密。著有《藏元群书题记》《双鉴楼善本

书目》《双鉴楼藏书续记》。"（页22顾廷龙按语）

从章先生的跋语和校记中可以看到，先生曾据傅增湘藏书校勘多种书籍。现依次介绍于下。

《司马书仪》十卷　跋云："据江安傅沉叔增湘藏本传校。以此系朱印本，凡原校墨笔改用朱笔，朱笔改用蓝笔，字体、位置则一遵原校。癸丑十月初四日，章钰记。"（页22）

《皇祐新乐图记》三卷　跋云："写人不题姓名，顷傅沉叔学使携示张芙川藏《征刻唐宋秘本书目》写本，与此出一手。芙川书衣题语谓能书者所书，洵不诬也。玄默困顿十月初七日晴，茗簃记。（页24）

《前汉书》一百二十卷　跋云："上海涵芬楼藏有配元明本宋刻《汉书》、价至千金。癸丑十二月江安傅沉叔增湘郑重借至津门。审系吾吴黄尧夫先生先得宋本若干卷。陆续配齐，加入新旧钞补乃成完书。""昔在弱冠之年，曾得惠定宇栋、沈小宛钦韩两先生校本，先后迻录，颇便研诵。以宋本罕觏，别校此本存之。甲寅五月下旬，长洲章钰时寓析津。"（页27、28）

《三国志》六十五卷　跋云："朱秋厓先生校本为江安傅沉叔所得，钰有意临校……临校毕事。"（页32）

《南齐书》五十九卷　跋云："江安傅沉叔增湘得穆鹤舫遗书，审系蜀大字本，间有元时补版亦流利可喜，慨然见借。"（页34、35）

《南齐书》五十九卷 跋云："江安傅沅叔增湘于日下得宋绍兴眉山重刻七史之一,每卷有'明礼部官书'长方大印,传出穆鹤舫相国遗箧,郑重借校。"(页36)

《梁书》五十六卷 跋云："京师图书馆藏有内阁大库旧书甚多,中《梁书》一种存四十卷,沅叔曾怀饼就校,因传校一过。"(页38)

《陈书》三十六卷 跋云："据宋眉山七史明修补本校读两过。明修本系江安傅氏燕超室藏。岁在癸丑莫春之初,长洲章钰寓津门记。"(页42)

《资治通鉴》二百九十四卷附《释文辨误》十二卷 跋云:"据江安傅沅叔增湘藏明孔天胤本校。"(页71)"据傅沅叔校京师图书馆北宋本传校。"(页72)"傅沅叔借京师图书馆藏费氏进修堂校……丁巳端午晨起传校。"(页74)"据傅沅叔校京师图书馆藏宋进修堂残本传校。"(页77)"覆校系用涵芬楼影印本,初校系用江安傅氏百衲本,同一宋十一行二十一字本。"(页91)"沅叔又得孔刻残本一百数十卷,钰复校入。"(页114)"沅叔适得孔本一全帙而中配元刻胡注一残本十册,乃先借十册归津。"(页144)"钰七月入京晤傅沅叔,知亦新得孔本乃明邵二泉宝旧藏,有缺卷,又得残卷配足。乃先借十册归,自百八十六至二百十九共三十四卷,以上所校皆是也。行将再借傅本续校以成全本,特记其大要于此。戊辰七月二十八日辰钰记。"(页122)

《大金国志》四十卷 跋云："据江安傅氏藏明钞蓝格本再校。"（页148）

《读书敏求记》四卷 跋云："《述古堂书目题词》一册，首行题"虞山钱遵王述古堂藏书目录题词"十四字，不按四部次序，计存二百八十余篇，字迹古雅，通本硃笔圈点，有用粉涂灭重加填写及墨笔添改者。目为《敏求记》原稿似亦可信。惟首行作他人语气，不能遽断耳。先归持静斋，今入涵芬楼。""沅叔访书南行。从涵芬楼郑重借归，校竟，为书一时所见如此。甲寅秋七月二十二日，茗簃记。"（页176、177）

《劳氏碎金》三卷 跋云："沅藏有劳校《东观馀论》及牧斋校宋刻本均有跋文，应借录补入。甲寅年初二，茗记。"（页183）

《庚子销夏记》八卷 跋云："据傅沅叔录本以蓝笔照度一过。"（页220）

《鬼谷子》三卷 跋云："江安傅沅叔有石研斋第二次刊本，中录缪艺风丈据述古堂明钞蓝格本校语，因取江山刘彦清先生手录秦本点读一过，将缪校迻写，卷中朱笔是也。"（页226）

《论衡》三十卷 跋云："江安傅沅叔得杨星吾守敬用程荣本校宋椠本，因传校一过。"（页229）

《老子章义》二卷 跋云："江安傅沅叔增湘藏有宋刻宋印范应元《老子道德经古本集注》上下二卷，又《音辩》一种，是道家言而为实事求是之学者，因取此本一一校录，正文详勘两

过,或无遗漏。壬子小除,曙戒学人记于析津。"(页242)

《东坡七集前集》四十卷《后集》二十卷《内制集》十卷《外制集》三卷《应诏集》十卷《奏议集》十五卷《续集》十二卷附《校记》一卷 跋云:

"一、《诸儒批点古文集成》十集共七十六卷,庐陵王霆震编,宋理宗后刻本。四库底本中有馆臣删改处。江建霞、费西蠡递藏,今归傅沅叔。亦按篇照校。"(页259)

"一、《东坡先生和陶渊明诗》四卷,宋刊本,京师图书馆藏本,沅叔癸丑景写一本,全行照校。"(页259)

"又、残宋本,京师图书馆藏本。傅沅叔就校,从傅本传校。"(页259)

"又、残宋本,《东坡先生后集》,江阴缪艺风得于景朴孙,沅叔借校,从沅处转借校过。甲寅人日。"(页259)

"又、残钞明成化本,逐篇照校,从沅叔处借得,丙辰十二月初旬,校讫记。"(页260)

《渭南文集》五十卷 跋云:"壬癸二岁冬春之交,借江安傅沅叔增湘藏明正德本校过。"(页264)

《周北山先生诗集》四卷 跋云:"后甲戌之三十九年壬子冬月,借江安傅沅叔藏本校。长洲章钰记于天津。"(页266)

《三苏全集》二百四卷附《斜川集》六卷 跋云:"癸丑夏日,江安傅沅叔增湘乃携祠堂本入京,借寓邻寺,日往馆中就校,始知词本脱文极夥,有一篇至千字者。沅叔通怀乐善,慨然见假,卒事后撮记校过卷数于后。癸丑十二月,长洲章钰记。""目据傅沅叔校京师图书馆残宋本过校,于起讫未尽分明,一仍沅叔原校。"(页309)

《江西诗派韩饶二家集》六卷 "写本为傅沅叔藏,卷中朱笔校字审是 黄荛夫手迹。越日又记。"(页310)

《中州集》十卷《中州乐府》一卷 跋云:"癸丑新正,从江安傅沅叔增湘借日本五山本崑校《中州乐府》。"(页312)"昭阳赤奋若正月,从江安傅沅叔增湘借日本旧刻本再校。章钰记。"(页313)

《奇晋斋丛书》残本存八种七卷 跋云:"此本朱笔,乃吾吴吴枚菴先生校本;从傅沅叔所见新校本,乃以蓝笔校之。傅本同吴者,于吴校旁加蓝圈。殊草草,知不免唐突老辈之讥矣。癸丑三月廿一日,章钰记。"(页328)

《士礼居黄氏丛书》存二十种一百八十八卷 跋云:"宣统辛亥后丁巳八月,江安傅沅叔增湘借示周栎园、宋牧仲藏本校读。""〇〇均据傅增湘校传录。"(页329)

《李卫公文集》二十卷《别集》十卷《外集》四卷《补遗》一卷跋云:"越五年癸丑辟地析津,乃假江安傅沅叔增湘所藏明本校读一过。"(页253)

89.褚衣言

《绛守居园池记注解》一卷 书衣题:"《绛守居园池记》一卷,谭复堂氏录文渊阁本,坚孟从褚衣言学兄叚钞。"(页253)

90.缪荃孙

"缪荃孙字筱珊,号艺风,江苏江阴人。清光绪丙子进士,入
翰林。笃嗜金石图籍,收藏甚富。清季各家辑刊丛书,无不乞主
其事。以先生所嗜相同,订忘年交,往还甚密。尝合辑《荛圃藏书
题识》。所著甚富,多已刊行。惟有藏书又续记稿未及入梓,今归
燕京大学图书馆将为流传云。"(页 152、153 顾廷龙按语)

章先生曾向缪荃孙借阅或传录书籍用以校勘。

《读书敏求记》四卷 跋云:"宣统辛亥三月,从事京师图书
馆,于缪丈艺风所又见此书钞本一册,假归细核,知与宗本同
出管芷湘先生手而多宗本所未具。"(页 176)

《江左石刻文编》不分卷 跋云:"此书《府志》失载,戊申冬
月于缪艺风先生见钞本,即借归迻写一通。自序云釐为十卷,
钞本实不分卷,一仍其旧。错误甚多,亦未暇一一校正也。宣统
纪元闰上巳,章钰记。"(页 198)

《鲒埼亭集》三十八卷《年谱》一卷《外编》五十卷《经史问
答》十卷 跋云:"缪小山太史别有蒋蓼厓校本, 当再设法借
校。"(页 281)

《徐籀庄先生年谱节本》一卷 跋云:"徐士燕编其父《籀庄
先生年谱》,为缪小山先生藏本,于籀老平生事迹剧详,旁及族
属姻戚、生卒琐事。此无刻本。专辑其与金石学问有关涉及同
时名流往还踪迹,以志倾向。拨冗录竟,颇觉首尾完备,存之为
将来丛刻之一种。凡原本称"府君"处递改称"先生",余亦少有

更改处。"（页 153）

《佳趣堂书目》一卷　跋云："宣统元年五月，从江阴缪氏艺风堂传录。"（页 169）

《刘燕庭所得金石》一卷　跋云："缪艺风藏蓝格钞本，中缝有'怡怡草堂钞书'六字，手录一过。癸丑十二月初三日，长洲章钰写记。"（页 185）

《锦绣策》一卷　跋云："江阴缪氏有钞本，题为《千虑集》，分为二卷，未审同异何如？戊申九月十九日。"（页 263）

缪荃孙曾赠给先生书。

《宋南渡十将传》十卷　书衣题："《宋南渡十将传》，缪荃孙钞校本，宣统二年所赠。茗簃。"（页 369）

《竹汀日记》一卷　缪荃孙赠附手札。（页 370）

《河南志》四卷　缪荃孙赠（页 372）

《刑统赋》一卷　与缪荃孙赠之《竹汀日记》合册（页 376）

《艺风堂文别存辛壬稿》一卷　吴氏昌绶手跋云："艺风寄《辛壬稿》二册，其一当是赠兄者。甲寅九月四日奉式之老兄。甘遡邨萌酒边记，"（页 442）

章先生藏书有的有缪氏手跋。

《拟国史艺文志稿》一卷　缪氏荃孙手跋云："挂了招牌，并未办货，可笑！"（页 378）

缪荃孙曾给章先生寄书、寄样本。

《百宋一廛书录》一卷　跋云："此缪艺风丈代适园所刻，跋亦缪撰,癸丑七月寄示,八月九日取《百宋一廛赋》对勘一过。"
(页179)

《荛圃藏书题识目》一卷 跋云:"共六百二十五则,内潘、
江、邓三家已刻四百六十则,补一百六十五则,甲寅年编,丁巳
归缪老人在申刊板,己未六月寄来样本,知中有误处,不及改
矣。七月初三日记。此目精审可爱,已详勘一过,并将新得者补
入。请存檀几备检,钰另有草本也。"(页180)

《士礼居藏书题跋续记》卷首粘存缪氏函一纸。(页180)

91. 潘志万

"潘志万字硕庭,号訚庵,江苏吴县人。介繁子。诸生。字
学颜柳,多藏碑版。尝为从叔祖荫写刻《藏书纪要》。著有《金石
补编》《訚盦词》。"(页20顾廷龙按语)

《尚书集传》六卷 章式之先生幼年读本,有潘志万手校。
潘氏手跋云:"三松公校,潞河雷氏批。(卷首)辛未冬十一月,
志万校毕。(卷末)"(页19、20)

92. 潘承弼

"潘承弼字景郑,号盉宀,江苏吴县人。曾莹曾孙。仰承家
学,潜修梓里,及馀杭章氏之门。嗜金石目录之学。尝从先生请
益,邮筒往还,至相契洽。惜南北遥途,终悭一面。"(页200顾
廷龙按语)

《江左石刻文编》不分卷 潘氏手跋云:"右《江左石刻文编》
四册,为乡先辈韩履卿先生所辑。原稿藏福建林氏,弼心向久

之。今年春,闻章式之世丈藏有副本,因乞顾起潜姊丈转假迻录。世丈慨予录副,缘尽数月之功觅胥录竟。""爰先就箧中所有墨本取校韩氏所录得若干篇,以视全书所存虽止十之二三,然视凭肌见为纂辑者,似觉谨慎多矣。惟冀后 有所得,续为校正,异日刊布成书,庶前贤精神所寄藉以不朽,而余小子续貂之愿或得附骥以传。校录既竟,因志数语于尾,一谢式丈惠假之高谊,一志予向往之忱云。时甲戌七月,潘承弼谨跋。"(页198)

93.潘祖年

"潘祖年字仲午,别号拙速,江苏吴县人。祖荫介弟,叶昌炽入室弟子。能慎守攀古、滂喜之藏。著《拙速斋诗集》,刊乃兄及师门著述多种。"(页166顾廷龙按语)

《扬州画舫录》十八卷 跋云:"李艾塘《扬州画舫录》十八卷,此书于康乾极盛之时东南丰亨豫大情形记录殆尽,名虽小说,包罗众有,本朝类此著述实不多见。且后来所以致贫致弱缘由,未尝不可藉此考见。仅谓可以窥掌故、资谈助,浅之乎论此书矣。市上不多见,此为潘仲午所赠,实即滂喜斋遗籍也。辛亥中秋,茗理繙帘因记。"(页165)

94.魏仲良

《冬心先生杂著》一卷附《随笔》一卷 跋云:"寂寥抱冬心,此册为魏仲良所赠。丁未五月,双照楼主以《冬心诗册》存寄敝箧,有所对勘处。检出繙阅,戏举先生自号本意署之。"(页231)

读《章》章式之先生与朋好的交往目次

序号	姓名	序号	姓名	序号	姓名
1	丁国钧	33	沈曾植	65	施仲鲁
2	王仁俊	34	张一麐	66	祝秉刚
3	王式通	35	张文孚	67	费树蔚
4	王同愈	36	张兰思	68	姚文栋
5	王同德	37	张是保	69	夏孙桐
6	王季烈	38	张炳翔	70	夏孙穑
7	王祖锡	39	张耕汲	71	顾麟士
8	王道存	40	陆长佑	72	钱骏祥
9	王慎本	41	陆廷桢	73	徐乃昌
10	邓邦述	42	陆增炜	74	翁斌孙
11	叶沆	43	陈仁先	75	高时显
12	叶昌炽	44	陈汉第	76	高德馨
13	叶景葵	45	陈如升	77	浦莹阁
14	朱建侯	46	陈伯雨	78	陶湘
15	朱彭寿	47	姒继光	79	萧穆
16	朱幡农	48	邵章	80	曹元忠
17	刘世珩	49	林志钧	81	章栈
18	许同莘	50	罗振玉	82	章寿康
19	阮惟和	51	罗振常	83	章炳麟
20	孙传凤	52	金兆蕃	84	董瑞椿
21	孙宗华	53	金诵清	85	蒋黼
22	孙宗弼	54	周子云	86	蒋汝藻
23	严修	55	周学渊	87	蒋贻芳
24	杨晋	56	周星诒	88	傅增湘
25	杨寿枏	57	周祖琛	89	褚衣言
26	吴世鉴	58	周德馨	90	缪荃孙
27	吴昌绶	59	宗舜年	91	潘志万
28	吴重熹	60	赵宽	92	潘承弼
29	吴慈培	61	赵尔巽	93	潘祖年
30	汪开祉	62	胡玉缙	94	魏仲良
31	汪家玉	63	冒广生		
32	沈修	64	俞陛云		

下编 友朋关关

章式之与德清俞氏

　　章式之先生与德清俞氏几代人都有交往，关系很深。

一

　　章式之是俞曲园先生的弟子。

　　俞樾，字荫甫，号曲园，浙江德清人，生于清道光元年（1821）十二月二日，卒于清光绪三十二年（1907）十二月二十三日，享年 86 岁。清道光三十年（1850）进士，咸丰二年（1852）授编修，咸丰五年（1855）简放河南学政。罢官后居苏州，一意治经，私淑高邮王氏。曾主讲苏州紫阳、上海求志、德清清溪、归安龙湖等书院，而主杭州诂经精舍达 31 年。著述等身，至老不辍。所著《群经平议》《诸子平议》《古书疑义举例》皆恪守高邮王氏父子家法，颇多精义。所撰各书总称《春在堂全书》。

　　章式之的《四当斋集》，其中有多篇文章与诗篇涉及俞曲园先生。

《四当斋集》卷一第一篇文章就是热情赞颂恩师——春在堂主人的《春在堂赋》,其词曰:"斯文元气,萃乎斯堂,若阳春之在物,鼓万汇而丰昌。亭曝书而久圮,室挈经而已荒。邈希世而特出,为东南之灵光。溯夫初地蜚英,重霄翔步。拜授简之新恩,赋养花之丽句。珠唾一霏,金声四布。如凤羽之觉辉,荷龙颜之垂顾。固将赞酿迪薰,炀和扇煦。傅羹征沂国之诗,轩鉴配高平之赋。宦海无缘,名山可老。竟辞燕许之班,来缔羊求之好。玉堂梦而天上偏遥,绛帐开而人间独早。题楣扁于湘乡,寄悠悠之寸抱。其地则鸡坊迤逦,鹤涧萧森。庇栖德耀,亭买舜钦。晏婴则近市亦好,蒋诩则开径可寻。效茂宏之吴语,杂庄舄之越吟。花竹有尘外之致,金丝飏壁里之音。三十载昌黎回首,千万间老杜关心。吾爱吾庐,于焉著书。经疑史舛,爬罗剔梳。雄争稷下,琐逮虞初。芬芬雄雄,雅雅鱼鱼。综乎四部之稿,蔚乎七阁之储。盖湖学之津逮远也,曾何论姚严与胡徐。于是崔室平开,马楼回峙。泛渤者顺北斗而行,宅交者视南针所指。谭经来同文之宾,请业谢不栉之士。挺秀者楩楠,勇华者桃李。昔之江戴则古制必详,庄刘则微言自喜。示我周行,此为极轨。犹复见慈悲之相,养欢喜之神。吹嘘则不衣自暖,容接则比酒尤醇。大度包而蚍蜉难撼,机心息而燕雀皆驯。不知者目为扬子草玄之宅,其知者拟之温公独乐之邻。且夫春之为象也,浩荡乎无垠,冲瀜乎靡极,胎乎无始之乡,酿乎自然之域。转末劫之千轮,仗生机之一息。信贞下之起元,俟百世而不惑。懿欤先生,龙门万丈。自解天弢,不撄世网。类王濛之性通,陋陈寔之道广。笑后生描画之已多,绵老辈风流于既往。揽坠绪兮茫茫,培心田兮盎盎。游淑气与景风,请旰衡乎此榜。宜乎楷模后进,冠冕达尊。蓺事则见襄前圣,巍科则手付童孙。矧桂宫与杏苑,俄甲子之重抡。仡引年而褒德,有柱下之司存。则斯堂也,不独拜经校礼,悬绝难论,且将领袖乎耆英之社,抗衡乎通德之门。颂曰:"牵牛之野常羊维,文星德星光陆离。堂中有人天下师,昔尝肄业鸿烈词。广大以宽春为归,优优简简百福随。伏生窦公康且绥,修道紃龄理所宜。八千为春此其基,曾曾小子无所知。冀为先生晋一卮,雷门布鼓夫何辞。"

在俞曲园先生八十华诞之际,章式之写了《德清俞曲园先生八十寿序》(代恩艺棠中丞),其词曰:"光绪庚子十二月二日,为德清俞先生八十正庆之辰。先生为翰林二十三科前辈,自视学中州罢归,侨居吴门,主浙江诂经精舍讲席三十余年。先四年丙申已重游泮水,后四年甲辰即重赴鹿鸣,又六年庚戌即重宴琼林;所著《春在堂全书》,海内宗仰,覃及同文之国;文孙阶青,则已由鼎甲入词馆。声闻之远,福泽之隆,宜称寿者莫先生若也。先生先期作诗力辞,又预饬门者至日下钥,不许通一客。于是与先生有连而官于吴下者,咸若歉然于心而谋诸某。某固习闻,寿文非古,为知言君子所深訾。究其致訾之由,则以名德不称,不能无一二假借之词。儒者以失言为耻,用兢兢焉。先生名满宇宙,就其生平所历,据实最录,累牍不能穷其辞,曾何疑于假借。而某犹不欲径同之者,则诚见先生之得于天者自有真也。先生笃于门内之行,母夫人弃养时,年已六十,为孺子慕。事兄福宁君,敬爱敦笃,没世不渝。操守清特,卖文之外,馈问一不至门,食蔬衣布,旁无媵侍。三党之戚,咸与沾被,旁及施舍任恤,岁有恒款。后进小子之稍隽异者,必曲垂盼睐,奖而成之。胸次清明广大,无所不容,悯念时艰,不无感喟,而神观聪俊,如五十许人。生平一意著述,尝谓国朝经学略分三派:徽州则江氏、戴氏为宗,好言古制而未切实用。常州则庄氏、刘氏为宗,专求微言大义,然影附者多,流弊滋大。惟高邮王氏以经证经,以小学通经学,博观慎取,不失许、郑家法。故所著说经之书累数十种,皆足质往圣,开来学。其他论事之文,则又洞见治体,远规世变,惟蘧伯玉、孟皮崇祀两庑,得见施行。续辑《学海堂经解》,则长沙王祭酒成之,余皆著在简策。读先生书者,无不惜先生之以山林老也。然天之待先生则有故矣。自昔传经大师皆享老寿,而往往生于贞元相际之时,盖天下之变,必由经之不明而邪说始畅,犹之星日俱晦而燧火乃光。天于是时生一人以救正之,其在《易》之《象》曰:'硕果不食?',荀卿、伏生、高密其职志也。方今万族喧豗,不知所届,求其定于一尊,默持世柄,较古为尤难。先生岿然东南之表,负荷滋重,其聪强纯固,有莫之致而至,莫之为而为者。人人之寿,听之于天,幸而得之,则遂震而惊之。先生之寿,信之于天,顺而应之，亦遂淡而忘之。明乎天意之有在，则先生之不以寿自居，夫亦可以观其深矣。昔归氏震川、方氏望溪以寿文入集，不能概人人之心，为其文是而其人非也。某幸遇其人，而文固不足以抗之，要其为当世儒者之公言则无疑焉耳。辄援此义以复同人，以质先生，并以告世之欲寿先生而未获致其情者。"

章式之为俞先生除写以上两篇祝颂性质的文字之外，在《四当斋集》卷五中，还有分析、评价俞先生书法的文章，即《俞曲园师尺牍册跋》，其文曰："右德清俞先师与李勤恪尺牍，徐花农侍郎题识详矣。花农谓先生初至杭，书札皆用分隶，光绪丙子、丁丑后纯用行草，诚确。钰则屡见师中年书迹，一泥金闺扇，为师母姚夫人作，至今藏文孙阶青编修许；一为《复刻西楼帖诗跋》，为英兰坡中丞作。均极工整秀润，合当时馆阁体式。而师之书名所以烜赫天壤者，则实于罢官以后得寝馈于秦篆、汉隶之中，用能骤墨驰毫，自然貌古人。能得其骨力，不能得其气息，彼终身读翰林禁经者，断难梦见。此册正先生书势转捩时也，与古为新，即此是学。从师郑案头读之，用伸忾仰。"

在《四当斋集》卷十、卷十三中，章式之还写了与俞先生有关的诗。

一是《牡丹七排曲园师命和》：

"兰祖梅魁各自芳，别将九锡定真王。人间占尽三春景，天上平分五色章。雨露浓时珠孕采，楼台深处玉生香。群仙鹤氅迎姑射，众嫔蛾眉捧寿阳。戚里几家邀近局，园林排日斗新妆。

折枝画倩徐崇嗣，艳体诗宜韩致光。比是凤麟为世出，凭他莺燕笑人忙。相期看到云仍后，吟侣争搜锦绣肠。

"蓬莱峰顶久徘徊，游戏花天岁一回。殊色能令银海眩，深丛好倚绛云开。法王座下金铺地，甘后帷中玉琢胎。圆满共擎承露盖，轻盈惯住避风台。无双亭倚倾城貌，第一楼登绝代才。娇梦好凭莺唤起，灵根瑞自凤衔来。生香已羡传神笔，舞采还斟上寿杯。管领群芳谁与并，东皇著意早栽培。"

二是《俞先师时文稿》

"风峰锋，三字诀，投时器，有凯式。课孙草，教有术，此卅篇，最晚出。经义废，老成殁，人间世，不可说。留咳唾，费心血，婴楹中，范砚侧。长安道，足屡刖，悔不早，受记莂。"

章式之在上述诗、文的字里行间，无不饱含着对恩师俞曲园先生的钦敬与赞颂的深情。此外，在：《章氏四当斋藏书目》中，也记录着章式之收藏俞先生著作的情况，并且在有的书上还写了跋文，如《先师俞氏手授副墨》一书的书衣上就题有"先师俞氏手授副墨一册，丁巳八月二十三日汇装，钰谨记"一段文字。

尤其是章式之的藏书中，有的书竟然有俞曲园先生写的跋文。如《四寸学》（稿本）的俞氏手跋云："张仲雅先生，乃钱唐乾嘉间老辈也。以孝廉官湖南县令，中年即弃官而归，年逾八十而终。以诗名一时，然其余著述亦甚伙，《简松草堂诗集》外，有《选学胶言》二十卷，《选藻》八卷，《四寸学》六卷，《垂緌录》

十卷,盖虽以词章为专家,而经史考订之学,亦未始不究心也。此《四寸学》一书尚是写本,未知当年曾付剞劂否?章式之孝廉得之市上,以一王面钱易之而以示余。按《荀子·劝学篇》云:'口耳之间则四寸耳,曷足美七尺之躯哉!'四寸学之名必取之此,盖谦言无心得也。其中虽不无习见之说,要其学有根柢,不为无根之游谈,则犹是乾嘉老辈典型,非后来途听道说者所能望也。因书数语而归之式之。如此书尚未有刻本,大可刻之以广其传也。光绪庚子五月,曲园俞樾。"

俞先生这份手跋十分珍贵。

二

《四当斋集》卷九有章式之为俞陛云的父母祝寿所写的一篇文章:《德清俞封翁六十双寿序》。这是研究德清俞氏家族的一份重要资料,特迻录于下。其词曰:

"天人之际微矣哉!就一家言之,就一家之已然者言之,固有安常处顺、日进光明,举《书》所谓"惠迪吉"、《易》所谓"积善馀庆"诸说,一若握符执券,甚彰明而昭著也。试追溯其震撼颠顿之初,则不啻一叶之舟放乎大海,飓风乘之,倾覆在指顾间,此在当局诚不意自全,即局外观之,亦何敢执信天之说,谓苍苍者之终不负人也。然其愈剥愈复,愈困愈亨,卒举向之万万不敢预必者,一一偿之而适如其分,世鲜不谓其权在天矣。钰

终以为其权在天而其事则在人。何言之？以钰交游之列而独推
为家门之庆者，固无逾阶青同年者矣。接武祖庭，能谋禄养，岁
在旃蒙大芒落，以尊严慈并登周甲，将于仲春月吉日捧觞上
寿，凡在众宾之列，亦靡不影缨曳组佐一日之欢，人生至乐，孰
大于是！钰里闬近接，托昆弟之好有年，得预盛事，固深为阶青
庆之。虽然春在堂数十年近事则知之夙矣。窃谓今日之门户鼎
盛，固由吾年丈寿山先生承忠厚之泽横罹美疢，故啬于一身者
丰于一家，然其千回百折幸而得济，则非我年伯母姚宜人不至
此。撮要言之，盖弥可喜而弥可惧也。年丈赋性敦笃，少好词章
之学，出语惊人，有雏凤之目。同治初元，曲园先生自河南学政
罢官侨吴，遂援例得官，以需次奉亲。尝奉檄之奉贤县，独居萧
寺，若有物乘之，得迷罔之疾，类乎《列子》所谓秦人逢氏子者。
疗治得愈，先后诞生阶青姊弟二人。旋即大作，迄今卅余年，曾
不少间。当其疾之初也，大母犹在堂，宜人既随尊章之后摒挡
一切。无何，太姑、尊姑相继弃养，太公既以天属之戚，姑以著
述自遣。阶青时未成立，羁丱就学，门内之事遂一以身任之，以
妇职代子职，以母道兼父道，兢兢业业，日慎一日。一切不如意
事纷至沓来，趋视良人，则又嬉笑怒骂不能自主，忧伤憔悴，几
几不自克。曾几何时，气运大昌，阶青则登上第，典蜀试，驰驱
王路，骎骎光大。孝事君舅既臻大年，又以乡举重逢，荷圣明褒
赏。膝下诸孙罗列，瑶环瑜珥，秀苗可爱。我年丈虽贞疾弗瘳，
然亦眠食如昔。门内吉祥善事则宜年受福，相与同之，亦若有

足以自慰者。且夫可凭者天也,不可凭者亦天。诚可凭也,则我
曲园先生师表东南,仁人之言利及万世,躬为允嗣,宜可承前
荫而履亨衢,而乃抑塞沮丧,至于此极。诚不可凭也,则当年丈
被疾以后,家运不可知,宜人以一妇人拄撑其间,卒能前沉后
扬,实证夫贞下起元之至义,从可知太虚无眹之表,本不可以
庸俗之见妄相推测,而惟大贤大孝乃能使神明震动,曲意相
全。盖经数十年之漂摇拮据而幸有此一日者,固实有必至之
理,而非听乎适然之数也。晚近寿文之作,大抵言家门聚顺者
居多,湘乡曾氏则好言艰苦卓绝之行,谓致寿所由来。钰诚不
达于文,而平昔听睹所及,则有未敢失之诬者,辄书其实于称
觞之吉再拜献之,且介阶青进质于太公论定其说,俾天下处无
可奈何之境者,知人定胜天之说确有可据,观于德清俞氏之已
事而豁然有以自壮也。"

三

俞陛云为俞曲园先生之孙,字阶青,号乐静,生于清同治
七年(1868),光绪二十四年(1898)戊戌科会试成进士,殿试第
三名探花及第,授职编修。光绪二十八年(1902)钦命任四川副
主考。民国元年(1912 年)任浙江省图书馆馆长。民国三年
(1914 年)修清史,任清史馆协修,移居北京。日本侵华期间,
他不与日伪政权合作,闭门以书画自娱,保持民族气节。1950

年逝世。著有《小竹里馆吟草》《乐静词》《蜀輶诗记》《诗境浅
说》《唐五代两宋词选释》《绚华室诗忆》等。

章式之与俞陛云两位先生缔交五十年，友情深厚。

在藏书方面，共同鉴赏，经常互赠。在诗词上，互相唱和。
有关这两方面的情况，在《四当斋集》和《章氏四当斋藏书目》
中都可以看到。

章先生见老友为孙儿女学诗而编写的《诗经浅说》，喜其
便于初学，于是欣然为之题写书名。俞先生也曾先后为章先
生的《四当斋集》《章氏四当斋藏书目》撰写序言。由此可见两
位先生的友情之深。而尤能体现出彼此友情的，则在以下几
件事。

章元善等人在章先生逝世后所写的《哀启》中曾提到，章
先生病情沉重时，俞先生是"间日存问"，异常关心。还谈道，
1937 年 4 月下旬，章先生"自知病将不起，处分后事綦详，命
不孝元善随时笔录，先严复斟酌再三，并恳俞阶青丈誊写清
本，留为家法"。

章先生逝世后，其家属遵照章先生遗言将四当斋藏书赠
与燕京大学图书馆。1937 年 10 月 23 日，立《赠与及寄托霜根
老人四当斋遗书契约》，除甲、乙两方多人签字盖章外，见证人
有三位，俞陛云先生为第一见证人，在契约上签字盖章。

这几件事充分反映出章式之与俞陛云两位先生的关系非
同寻常。

俞先生所撰写的《霜根翁四当斋集序》，最能反映出两位先生的相知之深，特将全文敬录于下。

"儒冠伙矣，有文章传世者，必以毕生精力坚苦卓绝以赴之，其真气乃不可湮没，实至名归，非可幸获也。长洲章君式之既殁之三月，其孤元善等以遗集索序于余。余与之缔交五十载，相知最深，所谓困学有成者，章君其当之矣。君少孤力学，十余龄即佣书将母，日写蝇头细字万余，指骨僵痛，至汗出如濯握管不辍，故其右手拇指壮于左手，知其纸墨之瘁矣。偶读《曾文正公家书》示人以读书程序，即奋然有志于学，节衣缩食稍稍购书，昕夕披诵不倦。弱冠后声誉日起，以课徒之束脩、书院之膏火购经史集部。余过其寓斋，见书簏十二标以十二字，曰'得此书，费辛苦，后之人，其鉴我'，以见寒士读书之不易。晚年积书至百六十簏，丹黄校勘，务求精确，于《通鉴》致力尤多。七十以后，犹以朱笔点《三礼注疏》一过，其好学劬书有如是者。以数十年读书酝酿所得发为文章，英光磊落时见于毫端，而于忠贞廉节之行表彰尤力。生平文字殆千余篇，有散失者，有删去者，手自厘定，得十四卷。其辞义懿美，读者自能知之，无待赞词。余之序君文者，一以识其力学之苦，一以表其志节之坚。君至性过人，持躬耿介。癸卯岁始通籍，服官曹部，未几即戢影津门，讲学授徒，泊然自安于儒素。易箦遗言以生前冠服葬，是可知其志而悲其遇矣。君自挽语曰'辜负平生'，曰'百苦皆尝'，余所序述即本此二语也。尝语余曰：'文章者，人之精气也。人寿几何，而精气借文字以传，真我有不可磨灭者。'今循诵遗篇，如闻君掀髯高论声满大宅时也。丁丑秋日，德清俞陛云。"

　　章式之、俞陛云两位先生均已仙逝，但是章、俞两家的友情却仍在延续——1975 年 4 月，顾颉刚、王伯祥、叶圣陶、章元善、俞平伯五位先生摄于叶圣陶宅的合影即是明证。

章式之与缪荃孙

《艺风堂友朋书札》中收录章钰致缪荃孙书札四十六通。

"艺风堂"是清代著名学者缪荃孙的室名。缪荃孙(1844—1919)字炎之,一字筱珊,晚号艺风,江苏江阴人,清光绪进士。曾任翰林院编修、清史馆总纂,并历主南菁、泺源、钟山等书院讲席,创办过江南图书馆和京师图书馆;学问渊博,交游广阔,著述繁富,尤于金石碑帖、版本目录之学钻研特深,娴熟文史掌故。在世之日,虽老宿耆硕,亦必问难请益,得其一言而定,在学术界负有盛名。《艺风堂友朋书札》即缪氏同时代知名学者一百五十七人与之论学的书札。

章钰出生晚于缪氏二十一年,对缪氏非常钦敬,称缪氏为老辈,自称为后学,在诸多方面向缪氏请教。此四十六通书札,注明年、月、日者仅一通,注明月、日者三十通,只注明日者四通,注明节气(冬至)者一通,注明节日(花朝)者一通,其余九通则未注明时间。章钰书札内容极为丰富,涉及方面甚广,现仅就章钰对缪氏的敬慕与感激,倾诉个人的处境与心情,报告校书、编书、著述情况,以及与友朋交往的情况等四个方面归纳,以反映二人交谊之深挚。

一

章钰对缪氏的仰慕与敬佩之情,时常流露于书札之中。他曾说:"斯文坠地,卓然负申公、伏生之寄者,实在江阴。翘首南云,无任怀仰。"(第七通。此后只注数字,"第"、"通"二字从略。)他认为缪氏在版本目录方面为"先路导师,于此中甘苦知之最审,收藏目录书亦最夥","为今日书祖宗"。(十)在接到缪氏书札之后,表示"承示种种,足开茅塞。信老辈咳唾之余,皆掌故也"。(三十三)缪氏任清史馆总纂,章钰在书札中称"私谓当代足膺此席者,震维诸老,首数江阴季野,前事具在,故当翘足待之耳。"(十五)"史事赖江阴总持,自是众望所归。钰以寡学得操觚而随其后,实至幸耳。"(三十九)

缪氏写《清史稿》儒林、文艺两传后,章钰在书札中称:"文苑继儒学写定,惜未寓目,两传于斯文最有关系,业已断手,将来大可单行。"(四十一)"儒学传稿,以纲斋同年传述下问之盛旨,不敢不有所献替,辱荷垂采,益佩老辈冲挹之怀矣。"(三十)在读过缪氏所著《读书记》之后,章钰畅谈自己的体会:"秋暑若炽,屋小如炉,疾读《读书记》一过,私谓历来藏书目录间

有续补之举,大都精华已入正编,所著录者不过绪余而已。独
丈丈此书,不但后先相埒,搜奇采秘,似或过之。中有极愿借读
之书,惜两地分张,尚犹有待。"(二十)

　　章钰经常向缪氏借阅书籍,读后一再表示感谢,曾说:"每
有乞假,即蒙垂允,津逮盛心,当世无两。感荷非楮墨能罄也。"
(三)"《石刻文编》得赐借,感佩无极。津逮后学,当世能有几
人。得常常亲炙,后学移家白下之举真不负矣。"(一)在书札往
来中,章钰受到缪氏"奖借",即表示"间有齿及贱名之处,则尤
见吾丈诱进后学,不遗片善之盛怀,且感且悚"。(二十)"到馆
松雪出示手书,具审一切,辱奖借,深愧。"(二十五)"印兄转视
手书,齿及后学校勘事,惶恐无似。"(二十六)"倚松题志,更齿
及贱名,惭感兼极。"(十一)章钰进而转引他人之言,以表示自
己的感激之情:"李审言兄目尊居为春明坊,若以'颜料'二字
解之,可谓染人甚于丹青者矣。"(二)

　　在缪氏七十华诞之际,章钰致函表示:"八月上旬,届公古
稀正庆,中朝耆旧,海内具瞻,论其位置,将与伏、窦诸贤遥相
揖让,故不仅与汐社、谷音数遗老比也。凡在考道问业之后生,
允宜登堂上寿,为斯文庆。顾以漂泊异乡,穷居无俚,一芹将
献,正以牍亵为嫌,拜书尚辱齿及,益令抱惭无地。"(二十一)
章钰在另一通书札中谈道:"甘遯昨信云得一联云:'抗衡惜抱
随园,一代文人皆寿相。游戏蓬莱藏室,九流老子独书痴。'拟
以寿公。钰拟易上联云:'步武卷施平津,一代常州成学派'。终

觉与其下联不称,设当公意,当敬书,以代虎儿年春帖也。"(十
一)随后于甲寅正月廿五日之书札中称:"联语已缮、已装,同
日寄南,至祈哂存。"(十三)

　　章钰寿辰,缪氏赐诗,章钰遂即表示感谢:"钰以浅学薄
植,漂泊近畿,诗诵我辰,腐心谁诉。伯宛垂恤穷交,忽有前段
举动。腾书四出,骇汗难收。公遂亦引而进之,赐诗勖勉,为乡
里后生不废旧业者劝。累旬展绎,尚不知所以为谢。"(十五)

　　章钰与缪氏关系甚深,缪氏有所托,则必亲服其劳,之后
即致函缪氏:"傅礼已照称谓用'礼宗女宪'四字,备料装送,谢
柬附阅,系现成洋货,本不值钱,幸勿齿及。"(三十八)章氏也
曾向缪氏谈及个人家中之事:"元儿返国,有所就,类乎佣力自
给,不足喜也。"(三十一)章钰之子结婚时,缪氏致贺,章钰即
函谢:"月前元儿授室,荷丈不遗在远,吉语荣颁,并拜锦章之
锡,迫冗致稽函谢,为罪无任。闻公孙枝双苗,老怀大开,遥望
德门,益深钦向。"(三十二)

二

　　章钰与缪氏关系甚深,在书札中经常向缪氏谈自己的处
境,倾诉个人的所思所想。这些内容,主要反映在六通书札中,
现分述如下。

　　"钰自九月下旬,以风声日亟,寄孥津上,所有筐箧中物,

捆载俱来。从前关系,早付断绝。以苏垣尚伏危险,上海租界又非力所能胜。坐此迟徊,依然伏匿。月内部章更变,旧时朋友,屡致函招,以大局未定,负国务重望者,举措亦不能尽概于心,现 正在沉吟不断。时代煞是可怜,颇望实践国利民福之标帜,则虽浮湛井里,与佣保杂作,亦所甘心。长此梦梦,祸未知其终极也。"(七)

"惟默揣大局,必有溃决之时,乐土何方,姑以苟安为得计。"(八)

"贱况一窘字了之,不到水穷山尽,,决不轻于一掷也。"(十三)

"时局如此,吾辈草间苟活之计,亦恐靠不住,可胜浩叹。"(十七)

"沧桑以来,吾辈希望打扫净尽,所欲为古人一线之延者,亦因捣乱而多所为难。读手示,亦增太息也。"(十九)

"钰忍泪看天,借书遣日。"(二十二)

这六通书札的内容,既反映了章钰的处境和心情,也说明了当时社会的动荡不安。

三

章钰以校书遣日。在其与缪氏的通信中,多次向缪氏报告校书的情况。现举其要,分述于下。

《南齐书》

"沅叔《南齐书》(笔者按:指傅增湘于日下得宋绍兴眉山重刻七史之一)已校过半,州郡志中佚文一叶,殿本、局本均缺,即敝藏嘉靖修本亦仅空白一页,注云原缺。此真明以来未发见者,为之狂喜。"(九)

《北盟》(按:即《三朝北盟会编》)

薛史(按:即薛居正《旧五代史》)

苏集(按:即《东坡七集》)

"半年以来,钰所致力者,以《北盟》及薛史二种为巨。

"《北盟》为小山堂钞本,凡涉宋帝空一格,讳注庙讳,惇字注御名,扩字注御名,意出庆元间刊本,与现行活字本固多胜处,然异同每可两通,疑本有两本也。

"薛史系孔荭谷校邵二云稿本,均注《大典》卷数,考证各条,半为官本所采。所采宋人说部,则官本删去极多。杨凝式、马希范传下多至万字,正文则多传两篇:一为崔居俭,注出《大典》卷数,实即欧史;一为邓元素,则稿本所独有也。异同极多,皆武英殿刊成时妄改也。

"去夏端忠敏出京后,忽叫人送成化本苏集,偶见宋残本对勘,则苏世美哀词坡公前有引,后有跋,为自来所未见。(尚有《文定集》御风词后亦有自跋数行。)复取《古文集成》《琬琰集》及明翻《文鉴》,逐篇校过,私欲专取成化前刻本,别成苏集校文一种。成化原本尚难见,姑存此愿,姑志所见,不负师门见赠之意而已矣。

"此外,零种尚多,总计六百卷有余,非此时不能有此福也。"(二十二)

衲鉴(按:即百衲本《资治通鉴》)

"近校读沅得衲鉴,埋头从事,已得一百八十四卷,增改处比常熟张校记多至倍蓰,真奇书也。梅碉注疑误、疑脱处,宋本则不误、不脱。就现校所得,已数十条。一二月内可毕事,当清校记,奉正大雅。"(三十七)

《梦得集》

"近校《梦得集》,明卅卷校毕。授经新景本亦校过廿卷。俟断手后,必与表圣校记同呈我函丈鉴定。"(十一)

章钰校书,日无暇暑,发现"明以来所未发见者,为之狂喜";校书多种,便觉得"非此时不能有此福也"。

除校书外,章钰还编成《菉圃刻书题识》,并将编写情况向缪氏报告:"钰近编成《菉圃刻书题识》,目中以年月为次,凡菉刻无题记及未见传本,均低一格书之。所有当日为钱嘉定、汪阆原、沈十峰及寒松和尚各种均收入。独《士礼居丛书》外,字大另行。《三经音义》一种,价目单列入,而至今杳无传本,丈曾见过否,有无题跋?万希示知。"(二十三)

校书、编书之外,章钰在清史馆还任著述《艺文志》之职,为此曾多次与缪氏通信商讨,并请给予帮助。在信中说:"钰则志在《艺文》,现拟遍考类别方法,不敢卤莽从事也。"(四十二)

"大著《艺文志》底本如检到,幸赐寄,奉为楷模。"(二十五)
"《艺文志》终以见闻寡陋,中有数门更非专家不办,用是尚难
请正于同好,不敢不勉,敬佩清诲。"(四十一)章钰在著述过程
中,曾请求缪氏帮助搜集各家书目:"钰月必入馆一二次,志稿
采辑虽多,所缺当不可计数。现所最要访求者,莫如诸家通行
书帐。如前赐丁氏目,与江宁图书馆目之类,以得知确有传本,
则据以入志,便可放心。刘、张二家度必有此种底簿,求丈丈设
法借钞,钞润即缴。"(三十一)"钰比曾到馆,所纂《艺文志·经
部》,已得大概,持稿商闰老,极佩指教。因思近来藏家目收本
朝著述者,八千卷楼外,即推盛氏目,由丈编定,虽未刊行,必
有稿本,万祈检借,以备纂辑,能少成片段,藉免纰漏,皆拜长
者之赐也。"(三十五)缪氏应章钰之请,借与各种书目。章钰收
到后便致函缪氏:"十一人京,并检到惠示各钞目,津逮至多。"
"拟草艺文志长编,搜集各官书,不胜望洋之叹。现在只能实做
钞胥,不免为通人齿冷。"(三十六)

从上述内容,我们对章钰纂辑《清史稿·艺文志》的过程,
能有个概括的了解;同时也了解了作为"书祖宗"的缪氏所给
予的帮助。

四

与朋好的交往,是章钰书札中的内容之一,其中既有朋好

对他的关怀与帮助,也有他对友朋的关切与怀念。

章钰在致缪氏的书札中,一再谈到朋好对自己的关怀、帮助,同时也谈到缪氏对自己的关爱。他写道:"津沉京印,彼此通假最多。僻地穷愁,赖以遣日。"(八)"钰流寓津门,坐待槁饿,幸傅沆叔、邓孝先、吴佩伯诸人相距甚近,颇资通假。"(十)"钰孤寄海滨,忽更三岁。所赖以破幽忧之疾者,都中旧雨惟伯宛一人。乃旬前来信,忽以钰诗赋我辰,有作启乞诗之举。正在惊愕间,我丈来谕,即荷齿及,并闻已将原启分致诸老。此事在伯宛闵恤穷交,不惜齿牙馀论,钰则出于意外,几不知措躬之何地。如诸尊宿以一笑置之,贴以如意,固所私企,万一以气类之感,辱眷及之,则请以四当斋校书图为揭橥,或录古人读书之法以示指归,或举平生心得之言以资规仿,是则加爱下走,至厚无已,欢喜奉受,莫可名状者也。"(十四)

不止此也,在章钰的书札中,也记录了他对友朋的关切与怀念。如:"君直奉讳南归,秉衡闻有失子之恸,均在念中。"(七)"承示南中旧雨情形,为之凄绝。闰兄近况何如,尚足自给否?缘督尤可念。前以一函通问,未得嗣音也。"(八)"忘却鞠裳住址,有信求饬送,便中求开示鞠现寓,万叩万叩。"(九)"缘督意兴尚佳,闻讯大慰。"(三十八)

章钰还为好友吴佩伯欲购《王建集》之事致函缪氏:"津上同好吴佩伯(名慈培,滇人,前候补道,乃父丙戌翰林,保送知府,已故),见《藏书续记》,深喜宋棚本《王建集》,属询此书能否想让?如荷许可,请示价目,及纸色印本若何。因渠于此书校过多次,并手写一本,不藏宋刊,深不惬也。祈垂复,以便达意。:(四十)此外,还因吴伯宛家境困难,拜托缪氏从旁帮助:"伯宛境已万难,嫁事在迩,鸠资印词,略沾板息,此事度已彻听,愿分托沪上知好也。"(四十一)

以上所述,系摘录书札文字,分项归纳,缀辑成文,供研究章氏生平及学术思想者参考。

章式之与严范孙

　　章式之先生于辛亥革命后即侨居天津,达二十年之久。杜
门讲学,寄情吟咏,尤喜勘书。与天津乡贤多有交往,严范孙先
生即其中之一。

　　严范孙先生是近代著名的教育家和学者,革新封建教育、
推动教育现代化的先驱人物。他1882年中举人,1883年中进
士,入翰林院任职,先后任翰林院编修、国史馆协修、会典馆详
校官、贵州学政、学部侍郎等,掌管全国教育。清末以奏请光绪
帝开设"经济特科"改革科举制度著称。1904年至1928年,与
张伯苓等共同创建了独具特色的南开系列学校(小学、中学、
女学、大学)。晚年倡组城南诗社,创办崇化学会。

　　严先生与章先生在中华民国元年壬子(1912)即有交往,
严先生在该年12月25日的日记中有如下一段文字:"同尹澄
翁到幼梅处,三人同到南市访章式之,出所藏书画见示。有唐
六如画滕王阁景,而文待诏书《滕王阁序》全文题之。又有元

照、石谷、原祁、南田山水竖幅。又有曾宾谷藏石砚一方,系就苏书石碑,截去一段,制为砚材;有黄陶庵图章、朱竹垞跋语,砚匣上则宾谷先生所题识也。又有程孟阳画兰数十丛,每丛之间,俱有名人题跋,内一段系黄金耀。章君云:陶庵初名金耀也。又钱蒙叟手书《楞严经疏解》一册。又顾亭林手书尺牍数纸。又蒋砺堂相国乾隆己丑入场卷面浮签一纸,有朱君昌颐楷书金榜题名于后。又有曾文正、汤文端、黄左田、英煦斋诸公题跋,甚可宝贵。他如黄谷原、顾麟士画册,虽亦各擅其妙,而相形之下,瞠乎后矣!"(转引自《严修年谱》)

章式之先生敬慕严范孙先生,曾参加城南诗社的活动。在严先生六十华诞时,章先生以《寿严范孙侍郎六十》诗祝贺,对严先生的道德事功给予很高的评价,抒发了敬慕之情。其诗曰:"国以吾道存,道必斯人寄。彼昏苦不知,乘时徇权利。自有天概之,君子置不议。独念我中夏,神圣迭为治。利用而厚生,正德为先事。民德曷以正,邹峄定职志。亲亲乃仁民,爱物抑又次。亲疏有大分,本末毋倒置。大为天下防,犹惧或狂恣。罡风海外来,物论忽然异。谓彼博爱方。雅得大同意。教者猱升木,受者鱼上饵。旦旦作输攻,阳阳立汉帜。充其愿所偿,夺席到洙泗。此岂细故哉,泽猛比奚翅。堂堂严夫子,人师挺幽冀。凤肩教育任,广大更诚挚。一言群为宗,一动群为企。名教赖担当,风会赖鼓吹。今年寿六十,纷焉疬文字。走也侨津桥,韦绂托幽贽。顾此琐琐者,举似恐不类。愿如韩昌黎,卫道觉群寐。愿如

刘念台,证人醒众醉。愿如廉希宪,正学昌北地。独受孔子戒,
以斥邪与诐。从云莫如龙,率马莫如骥。为世开太平,天必福之
备。贱子恫奇变,身世甘两弃。空抱万古愁,志在气不帅。自非
第一流,难证第一义。拜手上徽言,敢以文为戏。"

　　章式之先生与严范孙先生等天津多位乡贤的关系的进一
步密切,则是缘于崇化学会的创办。

　　天津崇化学会于 1927 年,经天津士绅和文坛名流严修
(范孙)、华世奎(壁臣)、林兆翰(墨青)、赵元礼(幼梅)、刘嘉琛
(幼樵)、高凌雯(彤皆)、徐世光(友梅)、王守恂(仁安)、李金藻
(琴湘)、王仁沛(辛农)、杜禹铭(克臣)、赵德珍(聘卿)、杨鸿绶
(子若)、金钺(浚宣)等发起创办。1927 年 8 月 12 日,严范孙
邀集各位董事于明湖春饭庄开成立会,商议聘请主讲的问题。
经过商议,一致同意聘请当时侨居天津的长洲章式之先生担
任。

　　当严范孙与华壁臣、赵幼梅、林墨青四位先生第一次去聘
请章先生担任主讲时,章先生婉言辞谢。过几日又去往请,仍
未承允诺。不久,严、华、赵、林四位先生又去聘请,章先生依然
谦逊地辞不受命。直到华先生欲行大礼,章先生才答应"暂时
承乏"。之后,严、华二位先生又亲自向章先生面交聘书。

　　章先生接受聘请后,不久即携改定的崇化学会课程简章
与严先生商议,议定先招收学员 23 人,暂借严宅上课,学员各
发给札记本,逐日作自学笔记,每两周由主讲评阅,每月试文

两次,成绩采积分法,每季酌给膏火之资,第二年开始分科学习。

1927 年 9 月 11 日,崇化学会国学讲习科在私立第一小学开考,参加考试的考生有 63 人。次日,章先生携试卷来,与严先生共同阅卷,定复试名单。一个月后复试,参加复试的考生 35 人。试卷经章、严两位先生评阅,议定录取 23 名。10 月 25 日,崇化学会讲习科在严宅举行开学仪式,董事到者 14 人,学员 21 人,齐集东罩棚下,拜谒主讲章先生三揖,董事见主讲一揖,学员见董事一揖,然后主讲入座训话,董事分发札记。下课后,董事陪主讲到西罩棚下闲话。

1928 年,崇化学会分科学习正式开始,严先生安排西罩棚作讲舍,与学员一同听讲,又与章先生商议讲习科奖金名单,并为学员选定书目。此后,严先生曾一度去北京,返津后仍抽暇旁听。

1929 年,严先生患病,遂预作自挽诗,诗曰:"小时无意逢詹尹,断我天年可七旬。向道青春难便老,谁知白发急催人。几番失马翻侥幸,廿载悬年得隐沦。从此长辞复何恨,九泉相待几交亲。"

章先生遂作《和范孙侍郎病中预挽时己巳正月廿二日》,其诗曰:

"闻到维摩新示疾,于今不见忽三旬。邵窝独自观元化,洛社先为祝寿人(侍郎三月七十诞辰)。凤望早传星北拱,积诚终

挽日西沦。春风扇处蟫香起(蟫香,严氏藏书室),按席行教罄
欵亲。

"谁道阎浮无量劫,群魔岁岁战波旬。闭门本是甘逃世,从
井何堪强救人。孤凤有时遭作践,万牛无术拔幽沦。从知故国
平居久,心事端难语所亲。

"师弟休提同旅寄(先曲园师,同治初年辟乱寓津),遥遥
相望几由旬。亦知坛坫惭先正,犹愿津梁付后人(侍郎与华壁
臣阁丞诸君创办崇化学会,专课经史,以主讲属予,三辞乃允
之)。动操自令众山响,寻源已见小波沦。寄声后起诸英秀,莫
负而今杖履亲。

"堂堂北学期公振,记有诗篇寿六旬。在昔方言罗绝代,那
堪馀事托诗人。世将顽钝归耆旧,我本流移类隐沦。一笑戏援
方外例,一为无著一天亲。"

和诗成后十余日——1939 年 3 月 15 日晚,严先生寿终
正寝,享年七十岁。章先生闻讯当即写《和诗成范翁病复亟逾
旬而逝哭以四律》,其诗曰:

"病榻传观预挽诗,和诗犹冀博公知。如何竟诵西归句,正
在重商北学时。屈溯降庚生已厌,郑占在巳古同悲。涧泉日记
分明在,微旨容教后死窥。

"少登芸馆晚桑田,事事平生式古贤。那肯看花陪杜老,早
将作草薄张颠。官厨在昔传鱼挂,老屋而今毂马旋。忠厚待人
甘负谤,焚香下鉴有苍天。

"红厓高处赋皇华,又泛重瀛万里槎。总为储才图救国,更谁趋义若忘家。精诚直欲回贤劫,后进犹令识圣涯。今日槐堂春黯淡,忍看醑酒几侯芭。

"亲闻苦语盼全归,真见先生杜德机。生祭已征元亮达,命书肯道子平非(翁自述寿止七十,见预挽诗)。是何朕兆笃巢见,未免踌躇狗曲讥。海上仙鼋应好在,独怜幽赟失弦韦。"

在公祭严范孙先生时,章式之先生又写了《公祭严侍郎文》,其文曰:"年月日,崇化学会同人等,敬以清酌庶羞致奠于范孙严侍郎之灵,曰:学贵通时,尤贵稽古。呜呼我公,用心独苦。古者云何,义理训诂。为国之粹,为人之谱。宝书重译,罩及西土。安得自诬,视为朽腐。犁犁我公,凛焉四顾。于《易》取《兑》,于《礼》取醴。相辅相成,别开学府。作育海滨,庶几邹鲁。有堂洞明,繄公之宇。万卷美富,亦公所具。坐听弦歌,忘寒忘暑。莞尔而笑,此中翘楚。吴地有学,高平创举。教始乡人,公仪其矩。期望无穷,大命有数。伏枕淹旬,此焉厪注。天不慭遗,俄悲大暮。罢社辍春,宁惟学侣。乔在同人,感公鼓舞。前路何知,公当呵护。盛德大业,中外钦慕。姑述一端,云霄毛羽。绛阙道山,神游何处。荐此馨香,谅公不吐。尚飨。"

严先生逝世后,崇化学会改由华璧臣先生主其事,并迁会址于河东二马路。1935 年 8 月间,会址又迁到东门里府学明伦堂,设讲坛于奎星阁之北,华璧臣先生特颜其室为"崇化堂",仍由章先生担任主讲。

1931 年，"九一八"事变，章式之先生就养旧京，仍兼任崇化学会课程。

1935 年，严范孙先生次子严智怡逝世，章先生闻讯深为震惊，于是写《天津严持约哀词》，其文曰："咄咄怪事，报君骤死。天道与善，乃至于此。君体充硕，君性敦厚，戕生纵欲，戒之在旧。縶縶门子，责在一身。识时俊杰，如日方新。上侍下教，大事未完。凡所倚仗，千绪万端。那有死理，更无死相。日迈月征，前途靡量。如何可死，君亦知之。如何竟死，谁为为之。呜呼哀哉！明德之后，达人宜有。不食其报，乃罹厥咎。恻恻新悲，沉沉旧痛。俯仰几何，人生一梦。縶君厚我，实推先好。世讲拳拳，于今也少。我负先公，学会其一。忝拥皋比，教思无术。君觐先公，必道其由。望实不孚，抑予之尤。呜呼哀哉！揽春旸兮何长，叹朝露兮何速。抚来日兮大难，且为君兮一哭。呜呼哀哉！"章先生在《哀词》中，既表达了对严智怡逝世的哀悼与痛惜之情，又表达了对老友严范孙先生感念之意。

同年 10 月，章先生右眼帘下忽生紫色肉瘤，痛痒不觉，左眼旋亦生瘤。在此情况下，1936 年春，还因崇化学会之事来天津筹商。在津期间，曾与学会董事华壁臣、王仁安、赵幼梅、高彤皆、杨子若、金浚宣等人见面，并与董事及学会众学员合影留念。摄影之后，讲习科学员石永茂曾撰文记述，言之甚详："丙子闰三月初吉，吾师长洲夫子来自旧都。崇化学会诸学侣，莫不欣然色喜，欲踵壬申冬月留影故事，用志平生之幸。谒于师及董席,咸笑领之。时初级讲习科、学术讲演会成立甫二阅月,诸生闻之,亦以不与其盛为憾,乃有联袂合影之举焉。是日高轩莅止,朋侪毕集,后生小子依次抠衣就班,仰瞻师范,有睟其容。亲炙者,既以卬随杖履,释其饥渴之思;私淑者,亦以得望门墙,慰彼风声之慕。鱼鱼雅雅,乐岂可支! 此后大圆镜中,师座、董席,长老先生之矩矱历历在目;承学后进,不啻撰杖操几于其间。虽以永茂之不才,亦长得瞻依而与有荣焉。惟忆曩昔壬申之合影,亡友立夫实始其议,亲为余言,引为有生至乐之一;而每以醲香馆始业时,不曾摄影留念为憾,则相与叹息,若谓此乐不可复追。此吾于今日之盛,既幸至乐之数逢,而又恨不得与吾立夫共之也。是月十三日,石永茂谨志。"

章先生返京。及秋,所患益剧,自顶及踵,无不延蔓,或自破而痊,或不破自愈,旋消旋起,无有已时。至 1937 年 1 月,患及全身,所未及者仅前心后背方尺之肤而已。是时,虽久不涉书室,犹在卧室中设小几,评阅崇化学会课卷。4 月 18 日晨起,忽有微热,尚能阅课卷 3 本。5 月 8 日,终夜汗出如沈,脉搏亦微。迨天明,呼吸迫促,险象环生,再请中西名医,均称不治。延至 5 月 9 日上午 11 时余,先生竟溘然长逝。

章式之先生任崇化学会主讲,长达十年之久,奖掖后进,不遗余力,患病期间,虽重疾在身,仍坚持评阅课卷,可谓不负严范孙先生之重托。

章式之与顾鹤逸

2012 年 6 月 28 日的《南方周末》的文化版上曾刊登《除了 2.16 亿,我们还知道过云楼的什么？》,该文在开头一段写道:"2012 年 6 月 26 日,南京图书馆举行新闻发布会,正式公布了馆藏四分之三'过云楼藏书'的总体情况和专家鉴定评估意见。南京图书馆馆长徐小跃形容这批藏书是'珍品纷披'。随着江苏凤凰出版传媒集团以 2.16 亿元的价格拍下另外四分之一过云楼藏书。'过云楼'一下成为炙手可热的名词。"

2014 年 8 月,江苏人民出版社出版了叶建成著《过云楼》,该书对人们了解过云楼几代主人及收藏情况大有裨益。

过云楼第三代主人顾麟士(1865—1930),字谔一,号鹤逸,又号西津,别署鹤庐,江苏吴县人,顾文彬之孙,顾承之子。工六法,入神品,名溢中外。藏书画、书籍甚富。著有《过云楼书画续纪》《鹤庐画识》《鹤庐画趣》《鹤庐藏宋元本书目》等。

章式之先生与顾鹤逸先生同里、同庚,交谊甚深。在《章氏四当斋藏书目》中,章先生曾多次提到向顾先生借书或得到顾先生赠书的情况。现举数例如下。

在《宋椠汉书残本考异不分卷》后跋云:"拜经楼藏十四卷,据《愚谷文存》则张岂堂又藏《扬雄传》上下计二卷,今又见鹤庐新得南沙沈氏所藏《司马相如传》上、《景十三王传》二卷,综计共十八卷矣,已得《汉书》五分之一。钱氏撰《考异》,则真本亡而不亡。鹤庐藏本,暇当仿钱氏《考异》为之。"

《通鉴校勘记宋本五卷元本二卷》跋云:"癸卯七月,鹤庐赠本。是年游大梁,得胡克家原刻本,得此可以省雠对之劳也。二十二日茗理题记。"十四年后,章先生在此书后又跋云:"丙辰复得见宋本《通鉴》,知应校补者方多,前题真门外语也。丁巳二月廿一日记。"

《竹崦盦金石目录不分卷》跋云:"顾鹤逸抄寄。钱塘吴氏有新刻,各有佳处,可资互校。辛亥二月已将此书佳处全校入吴氏刻本矣。二十三日讫事记之。"

《竹崦盦石刻目录五卷》跋云:"仁和赵晋斋《石刻目录》一册,从吴县潘氏滂喜斋散出,为元和顾鹤逸所得。因见长沙叶氏刊本《竹崦盦抄本书目》题语云'未见传本',庚戌夏日寓书鹤逸,遂传录寄赠。""冀此书得为完喜之本,亦快事也。宣统辛亥二月,长洲曙戒学人记于京师小秀野邻屋。"

《书画总考二卷》跋云:"此书原本藏元和顾氏,丁未春从鹤逸借得,以无书手,姑属张姓照缮,讹夺百出,高低错落,阅

之发闷。戊申元宵，适以小病杜门姑一对校，始知原本楷法精
美，于文理亦不留意。叶氏昌炽《藏书纪事诗》有其人，似非瞆
瞆者，殊可异也。"

《曾南丰先生文集五十卷附录一卷》跋云："光绪癸卯七
月，得此书于京都，八月，借鹤庐所藏姚春木椿校明刻本，度写
一过，约略可读。"

《奇晋斋丛书残本存八种七卷》跋云：《奇晋斋丛书》残本
三册，张诵穆丈所赠。《炙輠录》《云烟续录》均有校记。枚菴，未
知是吴翌凤否？与江郑堂相识，亦必知名士也。丙申二月初四，
检书记之。"又云："从顾鹤逸许见枚菴手写《经籍举要》，字迹
相同，'德'缺末点亦一律者，书可宝也。"

以上是章先生为自己藏书所写的跋语，每篇都与顾鹤逸
有关。不仅此也，章先生在《四当斋集》中，还有为顾鹤逸所写
的三篇文章。

其一为《顾鹤逸画册题词》，文曰："鹤庐画学，著称艺林者
夙矣，此十帧为介弟渤君作，时鹤庐正病疡也。观其神假天造，
英灵不穷，当踌躇搔首之时，有挥洒从心之乐，乃叹以墨为戏，
其天则全，信美疢之无伤，觉耆痂而有味。不特头风之檄顿起
沈疴，直与脚气之编并传佳话。东坡谓少游不可使闲，闲便精
百艺。如鹤庐者，并不可使病也。独感渤君当分痛之时，谋遣生
之法。精楮佳墨，畔此日之牢愁；青山白云，券他年之栖遁。看
云听雨，远抗前修，繙绤兼旬，辄令人心动也。壬寅中秋。"

　　其二为《元和顾隐君诔》,文曰:"隐士讳麟士,字鹤逸,晚署西津。元和顾氏,凭借世业,天赋超人,博涉多通,画尤卓绝。钰以同里同庚,名志相好者数十年。国变以来,益申岁寒之契。岁庚午四月某日,考终城西别墅。闻耗之次,慨然于苏贤之流风馀韵至此而尽也。伤逝自念,诔以达之,词曰:同辈论交,得人几个。及身千秋,早为君贺。大树飘零,罡风腾簸。竟不慭遗,一邱长卧。聿稽鉴赏,过云一楼。画筌书筏,并世鲜俦。黄门雅尚,玉山胜游。风流文采,乃诒孙谋。君绳其武,益恢其界。书福墨缘,有隆无杀。价定青萍,金罗珍薤。震爆一时,乃属于画。画人伙矣,哲匠云徂。南宗正脉,岂不在吾。造化为师,古也为徒。肯托漫浪,吓彼贾胡。书如其人,画亦同理。独寄高闲,一空尘滓。蹈矩循规,以生以死。以概生平,不烦偻指。嗟我与君,同诞乙丑。笙磬韦绂,其交耐久。此外何人,曹子云瓿。三牛成犇,曾开笑口。荒荒坏劫,历历前尘。叶落粪本,终图买邻。草间双笠,得话悲辛。如何南望,处士星沦。烽火长途,于何赴哭。通梦交魂,烟云几幅。慰我何真,夺君何速。君倘有灵,亦怜我独。呜呼哀哉! 古处兮平生,永诀兮此日。珍艺兮谁传,清晖兮谁述。脱诸苦而游太空兮,固知君凌云之一咥。嗟苕华苌楚之吾生兮,尚饰巾而待毕。呜呼哀哉! 石田云馆,世有师也。立身有本,画其枝也。翳君后起,能总持也。上质古昔,寸心知也。小雅尽废,今何时也。道随运往,焉可支也。云车风马不可追,来者茫茫今为谁。是伤心人无涯之一恸,不知者或谓此区区交谊之私也。呜呼哀哉！"

其三为《元和顾隐君墓志铭并序》，其词曰："钰与鹤逸顾君同里同庚，以名志相好者数十年。宣统辛亥后，钰漂泊北中。三次返里，辄握手苦语，不忍遽别。私拟少完尘累，从君为物外之游。君竟先我逝矣，执笔志君墓，万感纷来，盖几几不能举其词也。君讳麟士，字谔一，号鹤逸，自署西津，或署筠邻。元和顾氏先世，详冯中允桂芬、王枢部颂蔚撰两代墓志。父讳承，晚号乐全，子四，君其第三子也。祖庭艮庵先生，以文章经济为道光后吾吴泰斗。厥考绳之，尤以善怡其亲闻。君体干秀伟，妙于语言。秉不世出之天资，上绵家学，鸿雅为同辈推服。中年以后，昆季多物故者，家政集于一身，于人世情伪更无所不习。综覈一生，尽理尽伦，殆无亏缺。晚遘海桑之际，时风众势格不相中，门户之负荷至重大，惧及身而隳之，拮据搘拄，历有年所。大命既讫，则归觐先人，冀告无罪。回曲隐轸之志事，谁则喻之，宜乎海内谈者仅仅以画名属君也。君未冠，一应童子试，见有老学跪请易所污卷者，堂上厉呵之两，鄙所为，遂谢举业。天性于画学为近，髫龄随长者自乡祭扫归，即屏坐空斋，揣写所见。乐全翁故善六法，撋染也早，过云楼藏名迹至富，稍长益取径明贤，上规宋元，又兼综于国初六家，寝馈以之，自成高格。光绪中叶，怡园为胜流所集，月开画社，群推君执牛耳。既倾乾荫，孝事母朱太君，不忍远离，以烟墨娱亲，至逾艾齿。感夫昔人行万里以恢画境之说，特构崇台，望云物以资变化。负郭佳山水靡不蒐讨,尤矜异天池一峰,有赵寒山券隐之志。性情所寄,清复轶俗。平日持论,于神、妙、能、逸四品之外,特标仙品一目。仰屋茹毫,心焉赴之,以故天人并到,翕然众口,走书币乞请者远及海东。聪明日力,消耗其中,晚岁亦复告倦而无以谢绝。天挺雅才,遂为有清一代艺苑传人之殿,非一人之私言也。世以鉴赏名家,踵门如市。君矫时俗重画轻书之习,凡先哲翰墨,尤所甄采。又好版本之学,宋元旧椠及老辈遗著,悉悬金求之,盖善承先绪,而旨趣益远矣。其待人也,一技之长必予奖借,我馆我殡视为当然。耻为标榜之行,或讽君作汗漫游为收名计者,一笑谢之。当世风日下之秋而独敦古处,大率类此。于方剂、营造、种莳、雕刻诸艺,均具神解,则君之馀事也。生长铁瓶里第,垂老避嚣,居诚西别墅。旋得中风证,东人有越海来问疾者。淹殚半年,遂以不起。遗命以僧服、道人鞋敛。志署隐君字者,体君志也。生同治乙丑六月庚戌,卒今夏正庚午四月丁卯,寿六十有六。元配氏谢,继配氏潘,女有士行,三党贤之。子五:长则明殇,次则九,三则扬,五则夬,第四子则坚,传君画学,先君一年卒。女四:长殇,次适李文锦,三适陆钦宝,四殇。孙九,孙女十。著有《因因庵石墨记》,未成;成者《续过云楼书画记》《鹤庐画识》《鹤庐画趣》三种。藏古印尤伙,辑《甄印阁印谱》,均待刊,刊行者为《鹤庐集帖》若干卷。来岁辛未二月,则九等将葬君西津桥生圹,邮状乞铭。钰初闻君丧即草一诔哭之,伤心之故,不忍再述,特揭君生平大要,书诸贞石,后有续苏贤小记者,庶有考焉。铭曰:玉山风流,今云徂乎。抗心希古,君其徒乎。俟斋不寐,光吾吴乎。兰薰雪白,德岂孤乎。荒荒旧梦,其唐虞乎。众人不识,列仙儒乎。鹤乎鹤乎,遨清都乎。九京可作,吾言诬乎。呜呼!"

以上三篇文章,章先生或写于顾氏患病之时,或撰于顾氏已逝以后,通过文章叙写了彼此相知相契之厚谊,抒发了自己悲痛伤悼之深情。后有研究过云楼第三代主人事迹者,定将取材于章先生之文章。

章式之与金浚宣

　　章式之先生与金浚宣先生，声应气求，情谊深厚。

　　金先生名钺，字浚宣，号屏庐，是崇化学会的创办人之一，且一直担任崇化学会董事。先生喜网罗旧籍，究心乡邦文献，曾撰有《辛酉杂纂》，辑有《屏庐丛刻》《天津诗人小集》，编有《许学四种》，校订《天津文钞》。以上各书和所辑录的先人撰述《金氏家集》，都自费刻印出版。对于乡人著述也乐为刊刻，助其行世，如《王仁安四集》等书。先后刻书二三十年，出版物达二十余种，对天津文献的保存与传播作出很大的贡献，被称为天津近代喜好刻书的藏书家。

　　章先生也是近代著名的藏书家，与金先生志趣相投，二人交往密切，友情极深。金先生集成《偶语百联》，章先生为之撰写《金浚宣偶语百联题词》："今之楹联，古人有柱铭之目。铭于文体为最古，故盘、盂、户、席皆有之，意取因文见道，随所触而有陶情淑性之功，意至善也。楹联昉于后蜀，流变至今，大都标举风流,藉供清赏,靡文无实,君子病之。吾友天津金浚宣民部,生长华胪,超然尘表,自辛亥以后,究心六书之学及表章乡先正文字,刊行多种。比更浏览丙部家言,择其有益身心者集成《偶语百联》。予得而读之,喜其于今日风会所趋,有对证发药之妙,义典则宏,文约为美,谓此得柱铭之遗意,作楹联之正宗。操觚之士为人心风俗计者,知必于此取资也。"

章先生侨居天津及移居北京期间,与金先生经常通过书信彼此研讨学问,奇文共赏,疑义相析。章先生逝世后,金先生将章先生手札汇装成册,不仅题写跋语,而且"又记""再记",从而高度评价了章先生的道德文章,满怀深情地回忆两人深厚的友情,抒发了对时事的无限感慨。这是了解章、金两位先生交谊的重要文献,故将金先生的跋语敬录于后。

《章式之手札跋》:

"此长洲章式之先生钰手札,起戊午,讫丙子,汇装成册,已越十年。先生卒于丁丑,春秋七十有三,典型宛在,翰墨犹新,旧学商量,辄失圭臬。吾津崇化学会延先生主皋比者十年,惟惜世际乱离,不遑弦诵;且鼓箧之士亦多迫于生计,鲜克有终,以故虽桃李广栽而结实未茂,莘莘在望,衣钵罕传耳。先生尺素词翰兼妍,晚年书法益加整饬,藉见其准绳自律,老而弥严,经师人师,信无愧已。庚寅三月。

"老友式之章先生,春明侨寄,抱病经年,丁丑仲春竟捐宾客。于其病剧时,予曾赴京诣视,虽已手足臃肿,尚克正襟坐对,话旧移时。乃未几,噩耗传来,予亟前往,抚棺一恸;及歌《薤露》,再往执绋。讵意迟未数月,世局突惊奇变,蜩螗沸羹,讫无底止。先生得先遄返仙班,免罹浩劫;而嗣君辈又能将先生自定之《四当斋集》,于大事甫毕,即用聚珍板急就印成以流布之,亦可谓有天幸者矣。呜呼! 海桑递嬗,风调悬殊,而今而后,安得再有斯人可与数晨夕耶! 孑然四顾,形影自怜,守阙抱残,徒增叹惋,披此册而追忆前尘,遂不觉百感之纷纭也。是年五月又记。

"先生别署茗理,曾游雷深之、俞曲园、黄子寿诸老宿之门,中光绪甲辰进士,官外务部主事。硕身伟貌,不类南人。国变后,隐居抱道,澹泊自甘,初寓津沽,后移北京,居恒手不释卷。于经史、词章、金石、考据各门,靡不博洽专精,是以并世通人咸翕然推衰焉。柴桑至契,怀旧弥殷,拉杂再书,揭其崖略,恍若音容犹在耳目间也。同月再记。"

〔附记〕

金浚宣先生《偶语百联》一书,我未见到。张树贤、赵键、颜昌栋编著的《三津地楹联》中收录了金先生撰写的格言联一副、挽联两幅,转录于下,以与同好共赏。

格言联

好胜、好负气、好多说话、好遇事逞才,都是好寻苦恼;

能忍、能吃亏、能装糊涂、能虚心受善,自然能得便宜。

挽联 (一)

一气往来还太素;

斯时梦觉已都空。

挽联 (二)

一瞑不视成终古,似可悲也;

万众归休同是途,容何伤乎。

(按:"容何"似应作"庸何",因未见金先生原作,不敢遽断。)

章式之先生与顾廷龙的交谊

　　章式之先生与顾廷龙相识于 1931 年秋季。当时顾廷龙正在燕京大学求学，以年家后进的身份谒见章先生，经常向先生问学。章先生对此也曾有记述："年家顾子起潜修业燕京大学，时过余织女桥僦舍，讨论金石文字及乡邦掌故，至相得也。"

　　顾廷龙英年好学，章先生对其在学术上的造诣十分赞赏，勉励有加。先生在《晋临雍碑跋》中写道："此碑出土未久，我年家顾起潜廷龙即据成跋文一卷，于临雍本末、所行典礼及在事人籍贯、官阶、经学传派悉以《晋书》及他史志考证，几无遗漏。学籍统计表证明当时蜀、吴尚未统一，尤为他人眼光所不到。老辈为金石学者，鲜能精密如此。钰于此碑略有疏证，视此如辽东豕矣。钰旧有宗老硕卿先生赠四川某县佛龛刻经目录数大纸，自来未见著录。君为全分写出，以中多武后别构字，定为唐刻，亦将遍考藏目，别为一书。英年好学，自愧不如，附记于此,喜吾乡读书种子正大有人也。"先生欣喜之情溢于言表,自谦之情跃然纸上。

1933年,顾廷龙之父顾元昌(字竹盦,别号冰谷)病逝,顾廷龙致函章先生,请先生为其父撰写墓志铭。章先生有"请志父墓,词甚迫,日月有时,不忍稽也"之语,遂撰《吴县顾君墓志铭并序》。在文章中,先写他敬事父兄,"不避劳秽","耗竭心力","孝友为人生大端,于天属之爱肫笃至此,世所难也"。再写他在工作上"理纷剂平,有裨阛阓间者至大"。"随事建白,多所匡益"。又写他"髫年即潜心八法,罗汉松室书课为老辈嘉赏。后又融会诸大家,迄晚岁弗替。得者谓可接迹南雅、耕石诸宗老"。最后指出"起潜追念旧交,一敦古处。有父乃有子,用以见君之学足以阍后,君之行足以型家,宗模乡望,不忝前人矣"。

自1935年至1938年,顾廷龙有多篇文章涉及到章先生,在文章中记述了与先生的交往情况,抒写了对先生的景慕之情。现举四例如下。

1935年12月,在《章氏四当斋藏〈郑盦藏匋〉跋》中写道:"古匋文字,朴茂精美,与鈢印、化币之文偏旁近似,当为六国时所用者。惟多奇古难识之字,取与甲骨、钟鼎及各种文字比而观之,可察文字变迁之迹。古匋出土,始于齐、鲁,后于燕、赵。齐、鲁出时,当清光绪庚壬之际,陈氏簠斋以近水楼台,所收最富,次之为潘氏郑盦,又次则王氏天壤阁、吴氏愙斋。从事于考订者,以愙斋为勤,郑盦则政事多劳,未见专著。""簠斋藏

匋约二千余品,今拓本流传尚多,盖陈氏饲工于家,专以藏器
精拓雠人。郑盦则鲜加椎拓,每得新物,一拓而止,小品铭文,
往往截取朱卷馀纸为之,故其墨本向称难得,藏匋仅闻其多,
未详其数。余为编录古匋文字,于其所拓访之久矣,尝询内弟
潘君景郑,亦谓未有。春间闻其为攀古楼整理彝器图书,独此
未见,且并拓本亦无一存。今谒式之太世丈,乃承出示此册。郑
盦藏陶始见一二,积念为之冰释。册中集拓百八十二纸,虽犹
鳞爪,而其可贵为何如哉!假摹既竟,率附数语以志眼福!"

1936 年 6 月,顾廷龙撰《读书敏求记校证跋》,跋云:"研
究版本目录之学,向必从遵王《读书敏求记》入门,故经乾嘉以
来,诸家之校注者甚伙。近得式丈荟萃一编,成此《校证》,为学
者不可不读之书也。比见吾校图书馆藏有高世异尚同手录各
家批校本,间有自记者,因取丈赠本对雠,则大都已入《校证》
矣。惟陈荄庵其荣校本,似未见及,至近人袁寒云克文与高氏
自记,亦颇翔实,并录简端,奉丈清览,或足备补遗之采。丙子
六月,顾廷龙识于燕京大学。"

1938 年 1 月顾氏撰《霜根老人手批语石跋》,跋云:"辛未
秋后,龙负箧来旧都,谒式丈于织女桥寓斋,以金石目录之学
请益。丈即出此书见示,简端加墨满幅,间有吴氏昌绶印臣手
笔,或为订补,或志见闻。乡先辈铭心之作,得此补苴,益称精
审矣,龙即借归传录一过。明夏省亲南下,携示妻弟潘君景郑
承弼,又据传一本。迄今忽忽七年,丈已墓有宿草,遗书亦存燕

京大学。龙与校理之役，检阅及此，重加读展，乃见丈于此数载
中又增益甚多。最后所记为《甘肃吴挺世功保蜀忠德铭》一条，
其语曰：'近得缪荃孙旧藏拓本，当即缘督所赠。闻《甘肃通志》
仅录碑目而未录其文，曾属同乡顾起潜写出，亦以拓本模糊，
未克成篇，姑存箧中，备一目而已。丙子七月晦，患恶疮，强坐
记。'按是碑立于宋宁宗嘉泰三年，乃挺子曦请于朝，敕高文虎
撰、陈宗召书者，额篆则宸翰也。拓本罕觏，铭词虽载省志，而
碑文从未经著录，丈即属龙试为录出，只以椎拓不精，纸幅又
巨，不易展辨，方勉录三之一，适须从事他役，不能续为，秘笈
又不敢久阁，因先送回。卒未能成丈之志，愧疚何如！而丈笔札
之勤，虽病不废，岂后生所可企及。俯仰人天，喟焉叹息。戊寅
正月，顾廷龙补记。"

顾廷龙又撰《题霜根老人书苏文忠九百生日诗卷》文云：
"行楷书法自当祖右军而祧唐贤，惟右军之书已绝真本之传，
幸赖唐贤或临或橅，始克略存遗型于今日。宋人上承绪余，一
变而成纵衡肆放之姿，后之书者，莫能出此藩篱。唐高正臣书，
得右军法乳最深，玄宗甚爱之。宋苏文忠书，任情跌宕，非有奇
禀者不能致。行楷之变化，自唐而宋，于此二家，尤称尽其妙
致。霜根先生书名噪海内，屹然为当今一代宗匠。先生始则寝
馈于初唐诸家，而于正臣致力尤勤。尝手临《明僧绍碑》至百数
十通，深入堂奥。继则出入于六朝碑版，撷其精英，颇得刚健婀
娜之态。后乃服膺文忠豪爽潇洒，汰去剑拔弩张之势，归于雅

正,故先生书合行真为一体,融诸家于一炉。作书之难,在能凝
其气韵,行真大小,驰赴腕底,若即若离,或疏或密,于放浪之
中不失其规矩。先生与龙论书尝曰:'诗以自然高妙为极致,书
以平澹天成为极致。'先生之书真能得此邃旨也。是卷为先生
自书新咏诗稿。诗作于乙亥冬月,丙子年初三所书。时所患湿
瘰已起于眉睫,每晨仍临池不辍。此为新年试笔,乘兴挥翰,自
入神品。诗已自定为全集之殿,岂竟为绝笔乎!""伯才吾兄从
事目录之学,读《读书敏求记校证》而仰慕先生之学与书有素,
尝倩龙为之转匄墨宝。时先生所患已支蔓侵腕,未几归道山,
卒未能获只字。去秋,彦驯昆仲以楹书托诸燕京大学图书馆,
当事委龙与伯才任检理之役,食宿四当斋中九昼夜而蕆事。彦
威知伯才之爱先生书,因检遗箧,得此一帧,补钤印记,以赠伯
才。欲求先生书于己病之后,今乃展转得此初病时所书,仿佛
为伯才书而有待者,所谓翰墨因缘者非耶。卷尾有馀白,伯才
属为题记,乃以编纂先生藏书目未遑握椠,今已卒业,率志数
语归之,忽忽已十阅月矣。"

　　1937 年 5 月 9 日,章先生病逝,享年七十三岁。根据遗
嘱,家属将其藏书以手抄本、手校本寄托燕京大学图书馆,旧
刻旧抄之善本暂寄五年,普通本捐赠燕大图书馆。

　　1937 年 10 月 23 日,章式之先生夫人王丹芬女士将章先
生藏书分别赠与及寄存燕京大学, 双方于是日定约。王丹芬
云:"先夫霜根老人式之公,家寒力学,平时节衣缩食,遇有所

馀,辄以购书。自念其得之非易,昕夕勤读,并以'霜根老人四当斋藏书'命其积年所集,盖取宋尤延之'饥读之以当肉,寒读之以当衣,孤寂读之以当友朋,幽忧读之以当金石琴瑟'之义也。先夫易箦遗言,即以藏书赠诸丹芬,分配处之,由丹芬定之。丹芬因念燕京大学之缔造,其艰苦正与先夫采集书籍相同。除略选留有其手泽及善本书数种,暂行寄托燕京大学保管,以备传诸后人外,其余悉赠燕京大学。"赠书后,章式之先生夫人王丹芬、章元美、俞陛云、田洪都、洪业、顾廷龙等十四人在燕京大学贝公楼侧合影留念。

此后,1938 年 2 月,顾廷龙编《章氏四当斋藏书目》。他写道:"由于初次编纂书目,没有经验,为此我着实下了些功夫。虽说因个人兴趣爱好与工作需要,我对前人目录已作过大致浏览,但此时则从编纂者与使用者不同角度对各类进行了审慎的分析研究。我认为强调实用与著录的严谨是编制各类书目的前提,而编制书目又应因书制宜,能充分反映出藏书家的收藏意图、特点及其读书治学的倾向。章氏的藏书大致可分为三类:一为手自校勘及传抄之书,乃其一生心力所萃,其中著名者如手校《资治通鉴》及《读书敏求记》等,极为精审,曾各以专书付梓流传。其次是宋元旧刻、明清精刻及名家抄本,均为不可多得之善本。第三类系普通习用古籍,但在当时亦已不便购求。我遂根据其特点,依上述三种情况分为三卷,每卷各以经、史、子、集别其部居;对前两类书,又采取前人藏书志编例,凡章氏的题跋、友人的识语及章氏移录前人题记不经见者全部备录，以资读者参考。此外，凡校证之本有章氏假自前人者，我还在各题识之后加以按语，就见闻所及，记其姓名、爵里、行谊之概略，以详渊源。这样做，在当时可作析疑之助，在后来可充文献之征。""这部三十万字的书目，从草创到问世，历时十个月。"

顾氏在书目编竣之后，又为《章氏四当斋藏书目》作跋，其文曰："式之先生，吾吴名宿，流寓北中，垂三十年。辛未季秋，龙来燕京大学肄业，时先生亦方自津步就养旧都，始克以年家后进，登堂展谒，获聆绪论。以龙于金石目录之学有同耆焉，不鄙顽钝，引而教之，休沐良辰，辄诣请益，或出孤拓珍本、名书法绘，相与赏鉴；或述乡邦掌故、前朝旧闻，昭示愚蒙。逾年，龙既卒业，即傭书母校图书馆，仍得不时奉手。六年以来，相契益深。尤或经月不入城，则必贻书垂询，而龙亦以久不见长者为念。平日见先生危坐斗室，丹黄在握，患疡以后，犹日诣书斋，虽四肢举动维艰，而神明不衰。尝温习《十三经注疏》一过，颇著新说。戏谓龙曰：'吾可当往时童生报考默经矣。'耄年劬学，何可企及。撄疾侵寻，尚检示所聚金石墨本属为审定，手临碑版，命加篆题。曾几何时，乃有龙蛇之厄，痛梁木之遽催，抚牙弦而辍响。诸子以世难方殷，楹书为虑，秉承慈命，将所藏图籍归诸燕京大学图书馆，辟纪念专室分别储之，以示来学。当事诸公，知龙有旧，即以检理编目之役

见委。皕筴藏书,遂得遍翻。综其遗籍,可类别为三:一,经丹
铅者十之二。凡治一书必贯首尾点勘,多至六七周不倦,即数
百卷之巨帙不止一种,而亦校不一次,益为难能。拾遗补缺,
阐扬数百年来未发之覆,功在学术,不可没也。按程日课,新
知创见,伤事感时,随书卷末,所作题识,可以越缦、缘督《日
记》视之。至若蝇头细字,琳琅五色,妍舞行间,尤为校本生
色,世难其俦,人间至宝。一,可珍秘者十之一。宋元旧椠,明
清旧刻,虽不称富,足备一格。前哲遗稿,家传希籍,蓄之箧
衍,有待流布。荛圃、渌饮、校勘名家;同叔、泖生,文行君子,
剩墨遗翰,当同球璧。他如朋好之所评题,赏奇析疑,羽翼元
书,皆一时名流之手笔,不尤可贵乎!一,为通行者十之七。有
清中叶之书,迭经沧桑,昔为寻常,今已难得。近时名家所刻,
则插架甚备,又多出先生所校雠者,一代刊书之盛,实与有倡
助之功。至四方故旧所贻赠先集自著,皆试印新本,为晚晴、
国初驰声艺林者,几毕萃于此。卷册繁多,自非征集所易也。
先生家世儒素,求书匪易,节衣缩食以得之,卒业乃已。历数
十年,积数万卷,虽不足与名藏家相颉颃,若掇其精而晬其
菁,岂他人区区以多藏为富者哉!观其经丹铅者,一字未尝放
过,即略加批点,亦复纸敝墨渝,浏览洽熟,读书之精且博如
此,为吾家涧薲而后一人也。抑余又有言者,先生素重乡先辈
遗著,随遇搜觏,颇多孤本,经此丧乱,梓里文献,赖存坠绪于
什一,九京有知,将以为幸乎否耶!四阅月来,日坐纪念室中,

编校藏目,遗挂在悬,文籍旁胪,犹若侍四当斋中,亲承謦欬时也。余末学肤受,不足表扬先生之学行于万一,编成,爰志从游校理之缘于后,聊酬当年诱掖之诚,稍尽后生之责。仓卒将事,容多未洽,惟有道是正之。岁在著雍摄提格如月初吉,邑后学顾廷龙谨跋。"

这篇跋文内容十分丰富,不仅叙述了作者与章先生相识与交往的过程,而且表扬了先生的学行,而尤为重要的是对四当斋藏书的特点及其在学术上的价值,作了详尽的分析,切中肯綮,洵为研究章先生藏书的不可多得的第一手资料。

顾廷龙编纂《章氏四当斋藏书目》既竣,章先生之子章元美、章元群将得之于沽上的《乐圃余稿》赠给顾廷龙以表谢忱。顾廷龙于是撰《乐圃余稿跋》以纪其事,跋曰:"景宋旧抄本,曾经吴氏拜经楼、唐氏安雅楼、吴氏石莲暗递藏,有章氏霜根老人题记。戊寅十月元美、元群得之沽上,邮赠以为编纂《四当斋书目》告成之酬,匄籤珍秘并识。""此本古字甚多,当为南宋流行之本,高雅可爱,吾以为此体即所谓隶古定也。闻因草率难佽,鷇安谓之讹舛过多,则未尽然。霜根先生曾据此本传录一册,复再借得康熙刻本校过。余觅康熙本不得,即从先生所校补正其阙误。戊寅十一月,匄誃。"

此后,章先生弟子张尔田也为此书作记,诚为书林一段佳话,故特附录于后:"《乐圃余稿》旧抄本,纸色古香,殆三百年

前物。有唐翰题暨先师章式之先生识语,旧藏石莲庵,先生哲
嗣元群得之沽上,以赠顾君起潜,己卯冬,与君同客西郊,出以
见示,因为加墨以志胜缘。张尔田记。"

章式之赠言林墨青

　　章式之先生在《天津林君墨青七十一岁赠言》中，满怀敬佩之情地称颂林先生，认为他辅佐严范孙先生兴办学务与其他社会事业，"明允笃诚，造次颠沛未尝或易"，是"以天下为己任，姑施于一乡一邑间者"。也许有人认为这样评价是否太高？我则以为这种评价是恰如其分的，从林先生的事迹来看，这样的评价是名实相副，理有固然。

　　林墨青先生生于 1862 年，18 岁丧父后，除读书课徒外，还继承父业，历任各盐店的职务。25 岁入县学为附生，有文名。1902 年首创民立第一小学堂，为天津新制小学之始，1903年创立民立第二小学堂，受任蒙学堂董事，襄办学务董事。1904 年受任直隶学务处参议、津郡学务总董、天津劝学所总董，并经直隶总督袁世凯专折奏奖内阁中书衔，擘划奔走，大兴废庙建学的创举。经过多年的努力，在天津成立官、公、民立小学数十处，又改良私塾百余处，还设有简易师范、体操音乐传习所,以加强师资的教学质量,使天津的兴学事业在国内称一时之冠,后来在天津有"学校林立"之说。1908 年一度赴日本考察教育。林先生还根据当时天津受教育的社会现状,兼筹并顾,把开展天津社会教育,移风易俗,改良社会,当做他兴学的一部分。他在创办男女小学之后,1915 年成立天津社会教育办事处,将它作为推动社会教育的基地。林先生任该处总董,还兴办起一批社会教育事业机构,如宣讲所、游行演说团、书报阅览所、半日小学、早晚班补习学校、吏胥学校、僧道学校、盲生词曲传习所等,组织天足会、崇俭(储蓄)会、戏曲改良社、改良年画社、改良茶馆,刊行《社会教育星期报》以及维护天津文庙建筑等,大都在国内开风气之先。1922 年 6 月创立的天津广智馆是林先生晚年最后开办的一项社会教育事业。广智馆是天津最早的博物馆之一,它对当时广泛启发增进人们的智慧方面,起到了促进作用。

林先生兴办学务和其他社会事业,鞠躬尽瘁,诚如章先生所言"主管之事既伙,笔舌互用,从不告瘁。缘此致疾,疾已,复然。盖亦以天下为己任,姑施于一乡一邑间者"。

章先生在《赠言》中还介绍了林先生平居的情况:"家本儒素,老屋数椽,不嫌湫隘。敬事两庶母,并臻耄耋;义方教子,子亦肖之;孙行林立,无少染憸薄之行。"介绍之后,章先生又赞扬道:"盖于钰所谓家况如前、家法如前者,仅仅见之。万怪惶惑之秋,顾有一人焉,出有所担当,入有所师法,俾地方隐食无形之福者,微先生其谁欤!"

　　章先生在《赠言》中明确指出,对林先生"未尝不心藏心写,愿举以风天下,谓夫不失读书人本色者,在今日则难之尤难也"。

章式之钦重华壁臣

　　章式之先生在华壁臣先生七十大寿时，曾写《天津华壁臣阁丞七十赠言》一文。高凌雯先生对这篇文章给予很高的评价，他说："公（指华先生）年七十时，长洲章式之赠以言，举公所郁结于中未尝一废（似应为'发'）者，不啻代其喉舌倾泄以出之，情之迫，不禁词之尽也。凡读章氏文章者，殆已晓然于公之心志矣。"高氏所云华先生的"心志"指什么呢？为了弄清这个问题，了解一下清朝末年的形势，则是很有必要的。

　　袁世凯于1901年继李鸿章为直隶总督、北洋大臣。以实行"新政"为名，扩编北洋军为六镇，从此成为北洋军阀的首领。他除结交权贵之外，对凡负有时望者，皆引援荐剡，以功名动之，于是浅薄之徒，少不自持，无不受其笼络。1907年，袁世凯被调为军机大臣、外务部尚书。1908年初被摄政王载沣罢免。1911年辛亥革命时被起用，补授湖广总督，指挥北洋旧部镇压武昌起义。此后又到京受任内阁总理大臣，组建新阁,节制诸军,出兵向革命党要挟议和,一面威胁孙中山让位,一面挟制清帝退位。1911 年 2 月 12 日,隆裕后召见群臣宣布懿旨,率小皇帝溥仪交权退位,授命袁世凯组织共和政府,清朝的统治结束了。袁世凯窃取了中华民国临时大总统职位。

面对袁世凯的窃国行为, 那些被袁世凯笼络的负有时望者或拜恩私室之人,明知其不可,但背之不能,拒之不敢,唯有一起沉沦,无从自拔。当此之时,有一超尘拔俗之人,那就是华壁臣先生。当袁世凯图穷匕见,露出其真面目时,华先生无所顾藉,请假回乡省亲。当征召之使络绎道上,而华先生赤石不夺,以北海逸民自署。袁世凯在全国民众声讨中忧惧而死,继承袁氏衣钵者皆华先生平昔交游之列,他们凭借旧谊,尽情牵引,但华先生不为所动,毅然拒绝。

章先生在《赠言》中指出,华先生"克承家法,而为有清读书人少少留面目"。所谓"克承家法"指何而言? 文中说:"钰尝读君所述封光禄公遗训矣,大致斥灭伦荡纪之辈,而归本于纲常名教不能不丽诸人。钰敬题《像赞》,独以教忠二字阐之。有是父乃有是子。"

章先生在《赠言》中对华先生的高风亮节表示 "最所钦重",认为华先生是《易·大过》中所说的"独立不惧,遯世无闷"那样的人,将华先生比作"于物为硕果,于地为砥柱,于天为启明",誉之为"传人完人,岿然推畿南遗献之宗"。在《赠言》结尾又缀以长句,称"到今君也艰且贞","君亦不髡报有清,一发所寄千钧轻",从而揭示了华先生的"心志"。

章先生与华先生,同为清朝之遗民,二人年相若,相处久,相知深,因此章先生的《天津华壁臣阁丞七十赠言》,是研究华先生思想极为重要的文章,切莫等闲视之。

(刊于 2014 年 10 月 22 日《今晚报》)

章式之笔下的宁星谱

在近代天津历史上，宁星谱可称是位赫赫有名的人物。他是直隶（今河北）青县人。五岁丧父，依靠母亲胡氏苦节抚育得以成立，因家中生活困难，乃谋食于天津，独以诚笃有能挺出于侪辈之中。早年在天津经营草帽辫出口生意致富，受聘于英商新太兴洋行，任经理。1903 年 4 月，天津商务公所成立，受直隶总督委派，与卞煜光、王贤宾。幺品珊四人同时出任该公所总董。11 月公所改名为天津商务总会，任总董。1905 年商会改组，仍被选为协理。1906 年为推动维护国货运动，与商会总理王贤宾联名呈请袁世凯批准，开办商会劝工会。在天津第一次举行商品观摩与展销。在天津广置家业，于南门外置有大片房产，在赤龙河上建有宁家大桥。1918 年天津商会改组，仍当选为特别会董。

章式之先生撰写的《候补知府青县宁君墓志铭并序》，对宁星谱的事迹记述极详，尤其是记述宁星谱在八国联军侵略中国攻占天津时挺身而出，不畏艰险，以大智大勇舌战英国水师提督西茂，拯救天津民众于危难之中的过程，感人至深，是一份极为珍贵的历史资料，特节录于下，以供研究宁星谱事迹者参考。

"各国联悍队东驶，将屠津民泄愤。君（指宁星谱，笔者注）得其耗，集绅耆，筹弭祸法，流离奔迸，鲜有应者。久之，始议举三人往谒英水师提督西茂，请求罢兵，而推君为先导。既定期，二人又瑟缩不面。事益亟，乃挺身独前。时驻津洋兵占守城南，以人为的，见即毙之。君绕道潜行，得抵租界，彳亍无可为计。适英人德璀琳跃马过，以素识，故泣请谒见英将。时英将气张甚。以戕公使、杀教民官不之禁，又炮轰租界为责言，睢盱叱咤，非一纵兵势不可。君入，甫出数语，以足蹴君，几仆。君不为之慑，益慷慨陈词，谓酿成国际交涉，自有任其责者，于地方良善何与？缕缕数百言，英将亦为动容，然终不允所请也。君已无可奈何，乃仰天呼曰：'我冒死而来，不得请，则何以见津父老？一命固非所恤！'正抢攘间，德璀琳亦与为疏解，英将卒感其诚，允照公法从事，且握手为别。未几，联军逼津，郡得免焚杀，君之力也。"

章式之寿苏东坡九百岁生日诗

　　章钰字式之，别署甚多，晚年自署霜根老人，是近代著名的藏书家、校勘家。辛亥革命后侨居天津长达二十年，主崇化学会讲席十年，晚居北平。生平酷爱校书，与傅增湘齐名。藏书多史部、集部，中富精刻、批校、名家稿本，亦多自校本。收藏图书 3368 部，72787 卷，21596 册。1937 年后，全部藏书寄赠燕京大学。2010 年，在"天津市藏书家评选活动"中，被评为"津门近代藏书家"。

　　先生对宋代苏东坡最为景慕，在《四当斋集》中有多首诗、词为苏东坡而作。其中既有《苏文忠公衣冠像敬赋三体》三首，更有为苏东坡生日而写的诗词，如 1926 年作《丙寅坡公生日分韵得兹字》，1928 年作《瑞鹤仙·戊辰坡公生日用梅溪体》，1935 年作《乙亥十二月十九日苏文忠公九百岁生日饮福献诗分韵得江字》。章先生对作于乙亥冬日之诗极为珍视，遂于次年丙子年（1936 年）正月初三书为长卷，其诗曰：

"人豪夐与天同敝，九百年前诞锦江。间气属公生是独，危时此会世谁双。千秋在望仍尊俎，八表同昏浼节幢。好阅阎浮无量劫，寿苏重际俗敦庞。

"从知五戒返莲邦，自庆还倾药玉缸。坐命到今销蝎螫，熟文许尔博羊腔。云霄忍见神州裂，水火曾伤国论咙。戏袭公诗作豪语，天骄气为凤麟降。

"回头八百冊年事，正赏佳儿健笔扛。已写归辞宠僧卓，更商药性达医庬（哲宗绍圣二年乙亥公寿六十，上三语用公是年事）。投荒继屈余忠爱，卫道师韩痛猛泽。宝有妙亭残刻在，嗟予何日理吴艭（篋中藏有公书断碑砚，详见上）。"

章先生逝世后，顾廷龙撰《题霜根老人书苏文忠九百生日诗卷》，其文曰："行楷书法自当祖右军而桃唐贤，惟右军书已绝真本之传，幸赖唐贤或临或橅，始克略存遗型于今日。宋人上承绪馀，一变而成纵衡肆放之姿，后之书者，莫能出此藩篱。唐高正臣书，得右军法乳最深，玄宗甚爱之。宋苏文忠书，任情跌宕，非有奇禀者不能致。行楷之变化，自唐而宋，于此二家，尤称尽其妙致。霜根先生书名噪海内，屹然为当今一代宗匠。先生始则寝馈于初唐诸家，而于正臣致力尤勤。尝手临《明僧绍碑》至百数十通，深入堂奥。继则出入于六朝碑版，撷其精英，颇得刚健婀娜之态。后乃服膺文忠豪爽潇洒，汰去剑拔弩张之势，归于雅正，故先生书合行真为一体，融诸家于一炉。作书之难，在能凝其气韵，行真小大，驰赴腕底，若即若离，或疏

或密,于放浪之中不失其规矩。先生与龙论书尝曰:'诗以自然
高妙为极致,书以平淡天成为极致。'先生之书真能得此邃旨
也。是卷为先生自书新咏诗稿。诗作于乙亥冬月,丙子年初三
所书。时所患湿瘰已起于眉睫,每晨仍临池不辍。此为新年试
笔,乘兴挥翰,自入神品。诗已自定为全集之殿,岂竟为绝笔
乎!"(下略)

顾廷龙之文,对章先生书作特点进行深入分析,给予很高
的评价。

章先生论书之言,除顾氏文中所引述者,还见于先生之
《金吉石先生晋唐小楷临本题词》。先生在文中写道:"梅花草
堂晋唐小楷,为秀水金吉石先生临本。先生盛德君子,吾党师
表,故其书亦金和玉粹,肖其为人。私尝论之,艺事足以觇世
运,书为最著。叔季以来,朝野上下,不惜举规矩准绳扫地而
尽,从事笔墨者,亦复险怪恶俗,充塞都市。书者如也,此岂细
故哉?先生为不欺人之人,其书亦不欺人之书,先正典刑,于兹
未坠。令子诵清文学以重印遗墨见告,百感交集,书此复之。"

读先生论书之言,可以窥见先生对书法艺术的真知灼见,
今之学书者对此当深思之。

章式之"四当斋"之命名

　　章式之先生藏书之处曰"四当斋"。先生一生读书、藏书、校书,于书有特殊的感情。以"四当"名其斋,正是他对书的特殊感情的体现。

　　"四当"二字来源于何处? 人们大多以为取自宋代藏书家尤袤的遗说。这种看法是对的,但并不全面。

　　尤袤(1127—1194)字延之,自号遂初居士,江苏无锡人。南宋绍兴十八年(1148)进士。官至礼部尚书兼侍读。他是一位诗人,与杨万里、范成大、陆游并称"南宋四家"。

　　尤延之又是一位藏书家,藏书三千余种,多抄本、善本,编有《遂初堂书目》1卷。在书目中,他将所见闻的各种不同版本记录下来,"一书而兼载数本",成为版本目录的最早著作。《遂初堂书目》记录版本,为目录学增添新的著录项目,于开后世致力版本学的风气方面也是有贡献的。他是一位勤读勤钞、对图书有特殊爱好的藏书家,他曾对友人表述他对书的爱好说:

"饥读之以当肉,寒读之以当裘,孤寂而读之以当友朋,幽忧而读之以当金石琴瑟也。"（见宋杨诚斋《遂初堂书目》序）

章式之先生以"四当"名其斋,世人以为取自尤延之的遗说,其理由即在于此。但是,当人们在谈到这个问题时,在语句上却有繁简之不同,文字上也有歧异之处。

章先生的夫人章王丹芬说:"先夫霜根老人式之公,家贫力学,平时节衣缩食,遇有所余,辄以购书。自念其得之非易,昕夕勤读,并以'霜根老人四当斋藏书'命其积年所集,盖取宋尤延之'饥读之以当肉,寒读之以当衣,孤寂读之以当友朋,幽忧读之以当金石琴瑟'之义也。"（《章氏四当斋藏书目》卷首《赠与及寄托霜根老人四当斋遗书契约》）

章先生的弟子张尔田在《先师章式之先生传》中说:"先生于是发愤遍校群书,取宋尤延之饥当肉,寒当衣,孤寂当朋友,幽忧当金石琴瑟语,揭所居曰四当斋。"

田洪都在《章氏四当斋藏书目》序中说:"吴郡章氏霜根老人,生平聚书二万馀卷,取乡先哲尤延之饥当肉,寒当衣,孤寂当友朋,幽忧当金石琴瑟之语,名所居曰四当斋。"

当代学者苏精的《近代藏书三十家》,郑伟章的《文献家通考》,赵国璋、潘树广主编的《文献学大辞典》诸书,在说明章先生以"四当"名其斋系取自尤延之的遗说时,则均引用《遂初堂书目》序中的原文。

章先生的夫人、弟子、友人以及当代多位学者所言都是对的,但也有其不全面之处。所以这样说,有章先生本人所言为证。章先生在致缪荃孙的书札中曾说:"'四当'二字,系兼取宋尤延之、明胡元瑞遗说。"(见《艺风堂友朋书札》第592页)章先生明确指出是"兼取"尤与胡两人遗说,而非独取尤氏一人之遗说。

胡元瑞又是何如人也?

胡应麟(1551—1602)字元瑞,更字明瑞,号石羊生,又号少室山人。浙江兰溪人。明万历四年(1576)举人。他是明代著名的文献学家、藏书家,著有《少室山房类稿》《少室山房笔丛》《诗薮》等。

《少室山房笔丛》全书涉及范围极广,举凡经籍、子史、艺文、释道、古器,乃至社会杂闻,均有所论列,在文献学方面的成果,尤为后人所称道,如其中的《四部正讹》,即被推为辨伪学的重要著述。《四部正讹》三卷,卷上辨经部,卷中辨子部,卷下辨史部与集部,经考辨订为伪书者104种。本书系统归纳历代伪书的复杂情况,将伪书性质归类为20类,还提出辨伪八法,是我国辨伪学发展成熟的标志,对后世辨伪学的发展有很大影响。继之而起的著作有姚际恒的《古今伪书考》、张心澂的《伪书通考》、郑良树的《续伪书通考》等。顾颉刚等人的"古史辨派"也是受到胡元瑞《四部正讹》(当然也有崔述《崔东壁遗书》)的影响。

胡元瑞还是著名的藏书家。他喜藏书,网罗典籍,不惜典卖家产,筑室山中,题名二酉山房,藏书达 42384 卷,有《二酉山房书目》。明代王世贞《二酉山房记》中说:"元瑞自言:于他无所嗜,所嗜独书。饥以当食,渴以当饮,诵之可以当《韶濩》,览之可以当夷施也。"这里需要说明的是,《韶濩》一词见于《左传·襄公二十九年》:"见舞《韶濩》者,曰:'圣人之弘也,而犹有惭德,圣人之难也。'"《韶濩》,指的是成汤的乐舞。"夷施"是人名,是西施的别名。胡元瑞的"四当",反映了他对图书的特殊感情。章式之先生"兼取"之说正是来源于此。

总之,章先生以"四当"名其斋,表明了先生对"得之非易,昕夕勤读"的藏书的深爱与珍惜之情。遗憾的是,章先生在致缪荃孙书札中却又说道:"尚恨尤所谓饥当肉,寒当裘,孤寂当友朋,幽忧当金石琴瑟;胡所谓饥当食,渴当饮,诵之当《韶濩》,览之当夷施之外,乱离不能当桃源耳,"闻先生之言,令人浩叹者久之。

《雪夜校读图》为谁而绘?

　　沈津先生编著的《顾廷龙年谱》第 72 至 73 页有这样一段
文字:"六月,跋《雪夜校读图》。此图为汪希董绘章钰校读之
图,时章氏年八十。先生(指顾廷龙,笔者注)跋云:'先生越四
年辛卯,以优行第一登贤书,专精经小学,而旁及乙、丙诸部,
实事求是,不立异以为高,笃守乾、嘉诸老之家法,力祛俗儒门
户之锢见。辛亥以后,息影旧都,闭门读书,撰述自娱,近人所
著亦无弗览。耄年好学,不苟不懈,洵当代大师也。龙于辛未夏
负笈北来,始克奉手承教。尝诏曰:'考据之学,务求证富,验其
通假,始能成说。若单谊孤证,徒炫新奇,何足征信。年来考据
之风甚炽,类多游辞不根之谈。方寸之木,可使高于岑楼。'诚
针对时病之论也。前年中秋,先生观风云之将变,乃有蓴鲈之
思,命驾南归,结庐邓尉,发箧陈书,手定名山之业。尝请汪孟
舒表丈希董为写《雪夜校读图》,荒寒幽寂,以寄高怀。'"(《文
集》第 242 页)

读了上述文字,我有三点疑问。

第一,"时章氏年八十"

按:章式之先生生于清同治四年乙丑(1865)5 月 21 日,卒于民国二十六年(1937)5 月 9 日,享年 73 岁。因此,"章氏年八十"之说是错误的。

第二,息影之地

章先生于清宣统三年辛亥之后,即侨居天津,"辛亥季秋……方自津步就养旧都"(顾廷龙《章氏四当斋藏书目跋》),在天津居住长达二十年,并非"辛亥以后,息影旧都"。

第三,"命驾南归,结庐邓尉"

顾廷龙先生之《雪夜校读图跋》作于"戊寅六月",文中所言"前年",当是指丙子年(1936)。按:章先生逝世之后,其子章元善等所发的《哀启》称章先生"二十年(1931),东省事起,就养旧京","方期颐养天年,杖国可期,不意民国二十四年(1935)十月间,右眼帘下忽生紫色肉瘤,痛痒不觉,左眼旋亦生瘤。二十五年(1936)年春,尚因学会(指天津崇化学会,笔者注)事赴津筹商。及秋,所患益剧,自顶及踵,无不延蔓。"根据《哀启》所述,1936 年章先生正在患病,并无"命驾南归,结庐邓尉"之事。

带着这些疑问,我查阅了《顾廷龙文集》,方知在沈津先生所引文字之前还有一段文字——"有清一代,世称文献最盛之区者,无不首推吾吴。惟溯三百年来,举业渤兴,顾无其匹,而硕学大师有几人哉！康熙时，有惠氏乔梓元龙周惕、天牧士奇及江氏艮庭声，雍、乾间有惠氏松崖栋、程氏东冶际盛，嘉、道间有宋氏于庭翔凤、朱氏允倩骏声、陈氏硕甫奂，咸、同间则有陈氏培之倬、雷氏深之浚，朴学之传，不绝如缕。至光绪戊子，贵筑黄子寿方伯彭年开藩吴中，创学古堂，研求学术之风始为之大振，先后十余年，肄业者凡数十人。未几而因袭时运，更绷易辙，皆不能终于学。惟吾世丈绥之先生与章式之先生钰寝馈其中，老而弥笃。当年皆以高材生膺选斋长。"在沈津先生所引文字之后仍有一段文字——"刘瑶《雪赋》曰'天地丕闭，凝而成雪。'《氾胜之书》曰：'雪为五谷之精。'《西岳记》曰：'甘雪滋禾黍。'丁此阳九百六之会，国学有陵替之思，将赖先生凝其所蓄，宣其精英，以滋培其后生，继往开来，任重道远，图以雪名者，意在斯乎！身值时世艰屯之衝，正学风丕变之际，博极群书，文藻秀出，实驾惠氏诸老而上。先生今年政八十，精神强固，天锡纯嘏，必享期颐，子贱传经，重在斯人，岂仅吾乡人之所颂祷者哉。客腾，孟丈承先生命，出此图属题。宿儒长者，珠玉满前，末学鲰生，乌敢涂抹。重以诱掖之诚，聊述乡邦学术之大概与昔日侍坐之所闻，以告来者，以质先生。戊寅六月。"

　　读了上面两段文字，我认为《雪夜校读图》是为胡绥之先生绘，而非为章式之先生。此后，我又在章式之先生《四当斋集》卷五中见到了章先生所撰的《胡绥之雪夜校读图题词》一文，益发证明了个人看法之不谬。现将章先生的文章敬录于后。

"执友元和胡君绥之玉缙,自始壮即以实事求是读书,今七十五岁矣。目所涉览,手即记录,经训崇门,旁及乙丙诸部。其始蒐集,其继淘汰,其后正定,与崑山顾氏为学方法为近。钰所得见册子,其高逾尺,在箧衍者不知凡几。尝录示一目:曰《说文旧音补注并补遗》,曰《读说文段注记》,曰《释名补疏》,曰《独断疏证》,曰《新序注》,曰《说苑注》,曰《论衡注》,曰《四库全书提要补正》,曰《四库未收书目提要补正》,曰《四库未收书目续编》,曰《群书题跋》,曰《群书答问》,曰《金石萃编补正》,曰《金石续编补正》,统凡若干卷,皆勒成定稿,可付削人,吾吴咸同间学者,元和丁泳之孝廉士涵、陈培之部郎倬、吴县吾师雷深之广文讳浚,均以潜心经籍,上接乾嘉老辈,当时题目有'三之'之目。君生稍晚,而著述之盛如此,改称'四之',非但不愧也。自唐阎立本以《北齐校书图》传世,后之为校书图者不知凡几,而此卷独以雪夜名。君之为学岂止校书? 钰与君游从五十年,见君伏案孜孜者何止雪夜? 此不过自寄其冷寂自娱之趣,而实不足以概君也。为书其实,以告观者。"

读章先生《胡绥之雪夜校读图题词》之后,我们会更加清楚地知道《雪夜校读图》是为胡先生而绘的。读顾、章两位先生的文章,我们更了解了胡先生以"雪夜校读"名图的寓意了。

后　记

　　我从年轻时就喜欢读藏书目、藏书志、藏书题跋记之类的书籍，尤其喜读顾廷龙编的《章氏四当斋藏书目》。读之既久，恍如亲见章式之先生独坐四当斋中读书、校书的情景，不仅感受到先生读书之勤奋、校书之艰辛，而且日益加深对先生道德文章的景慕之情。于是我将自己读书所记加以整理，写成《读〈章氏四当斋藏书目〉札记》。又将读《四当斋集》写成的几篇文章缀于其后，汇为一集，藉以表达对章先生的敬仰与怀念。

　　承蒙南开大学杨传庆先生慨然允诺将其大作《章钰寓津心曲发微》作为本书代序，谨在此表示感谢。在本书写作过程中，王振良先生曾提出许多宝贵意见，并将《章式之先生的藏书》《章式之先生的校书》在《藏书家》分期刊布，在此也表示谢意。还要感谢接纳本书出版的天津市问津书院和天津社会科学院出版社。

　　本书之命名，系借用天津南普公园为纪念章适之先生而命名的"四当明霞"景观，在此特作说明。

李炳德

2017 年 7 月 5 日

《问津文库》已出书目

（总计 80+3 种）

◎ 天津记忆

大地史书:地质史上的天津　侯福志著　　　　　29.00 元

丹青碎影:严智开与天津市立美术馆　齐珏著　　28.00 元

立宪领袖:孙洪伊其人其事　葛培林著　　　　　30.00 元

津门开岁:徐天瑞日记解读　王勇则著　　　　　58.00 元

水产教育家张元第　张绍祖编著　　　　　　　36.00 元

八年梦魇:抗战时期天津人的生活　郭文杰著　　28.00 元

沽文化诠真　尹树鹏著　　　　　　　　　　　48.00 元

圈外谈艺录　姜维群著　　　　　　　　　　　38.00 元

记忆的碎片:津沽文化研究的杂述与琐思　王振良著　38.00 元

水产教育家张元第集　张绍祖编　　　　　　　58.00 元

应得的荣誉:女医生里昂罗拉·霍华德·金的故事

　　[加]玛格丽特著/胡妍译　　　　　　　　38.00 元

海河巡盐:国博藏所谓《潞河督运图》天津风物考

　　高伟编著　　　　　　　　　　　　　　58.00 元

析津联话　章用秀著　　　　　　　　　　　　58.00 元

顶上功夫:宝坻剃头匠的历史记忆　甄建波著　　68.00 元

四当明霞:藏书目里的章钰及其交游　李炳德著　68.00 元

◎**通俗文学研究集刊**

望云谈屑　张元卿著　　　　　　　　　　　　39.00 元

还珠楼主前传　倪斯霆著　　　　　　　　　　38.00 元

品报学丛.第一辑　张元卿、顾臻编　　　　　　38.00 元

云云编:刘云若研究论丛　张元卿编　　　　　　38.00 元

品报学丛.第二辑　张元卿、顾臻编　　　　　　32.00 元

刘云若评传　张元卿著　　　　　　　　　　　32.00 元

郑证因小说经眼录　胡立生著　　　　　　　　　　78.00 元

品报学丛.第三辑　张元卿、顾臻编　　　　　　48.00 元

刘云若传论　管淑珍著　　　　　　　　　　　48.00 元

品报学丛.第四辑　张元卿、顾臻编　　　　　　58.00 元

◎ **三津谭往**

三津谭往.2013　王振良主编　　　　　　　　39.00 元

三津谭往.2014　万鲁建编　　　　　　　　　39.00 元

三津谭往.2015　孙爱霞编　　　　　　　　　48.00 元

三津谭往.2016　孙爱霞编　　　　　　　　　58.00 元

三津谭往.2017　孙爱霞编　　　　　　　　　68.00 元

◎ **九河寻真**

九河寻真.2013　王振良主编　　　　　　　　59.00 元

九河寻真.2014　万鲁建编　　　　　　　　　59.00 元

九河寻真.2015　万鲁建编　　　　　　　　　88.00 元

九河寻真.2016　万鲁建编　　　　　　　　　98.00 元

九河寻真.2017　万鲁建编　　　　　　　　　98.00 元

◎ **津沽文化研究集刊**

《雷雨》八十年　耿发起等编　　　　　　　　55.00 元

陈诵洛年谱　张元卿著　　　　　　　　　　　48.00 元

碧血英魂:天津市忠烈祠抗日烈士研究　王勇则著　98.00 元

都市镜像:近代日本文学的天津书写　李炜著　　38.00 元

天津楹联述略　李志刚著　　　　　　　　　　36.00 元

口述津沽:民间语境下的西沽　张建著　　　　　　56.00 元

口述津沽:民间语境下的西于庄　张建著　　　　108.00 元

紫芥掇实:水西庄查氏家族文化研究　叶修成著　　58.00 元

芦砂雅韵:长芦盐业与天津文化　高鹏著　　　　58.00 元

王南村年谱　宋健著　　　　　　　　　　　　78.00 元

国术之魂:天津中华武士会健者传　阎伯群、李瑞林编　78.00 元

来新夏著述经眼录　孙伟良编　　　　　　　　198.00 元

◎ **津沽名家诗文丛刊**

王南村集　王焜原著/宋健整理　　　　　　　68.00 元

严范孙先生古近体诗存稿　严修原著/杨传庆整理　48.00 元

星桥诗存　苏之銮原著/曲振明整理　　　　　　58.00 元

退思斋诗文存　陈宝泉原著/郑伟整理　　　　　88.00 元

待起楼诗稿　刘云若原著/张元卿辑注　　　　　42.00 元

刘大同诗集　刘建封原著/刘自力、曲振明整理　88.00 元

碧琅玕馆诗钞　杨光仪原著/赵键整理　　　　　58.00 元

石雪斋诗稿(附遂园印稿)　徐宗浩原著/张金声整理　68.00 元

紫箫声馆诗存　丙寅天津竹枝词　冯文洵原著/杨鹏整理　88.00 元

◎ **津沽笔记史料丛刊**

严修日记(1876—1894)　严修原著/陈鑫整理　　138.00元

桑梓纪闻　马鸿翱原著/侯福志整理　　　　　　42.00元

天津县乡土志辑略　郭登浩编　　　　　　　　98.00元

严修日记(1894—1898)　严修原著/陈鑫整理　　128.00元

周武壮公遗书　周盛传原著/刘景周整理　　　　128.00元

天后宫行会图校注　高惠军、陈克整理　　　　　　　128.00元

津门诗话五种　杨传庆整理　　　　　　　　　　　　78.00元

《北洋画报》诗词辑录　孙爱霞整理　　　　　　　　198.00元

◎ 名人与天津

李叔同与天津　金梅编　　　　　　　　　　　　　　68.00元

我与曲艺七十年　倪钟之著　　　　　　　　　　　　68.00元

◎ 梓里寻珠

传承与突破:近代天津小说发展综论　李云著　　　　78.00元

◎ 随艺生活

方寸芸香:藏书票里的书故事　李云飞编　　　　　　98.00元

问津书韵:第十三届全国读书年会文集　杜鱼编　　　78.00元

开卷二○○期　董宁文、董国和、周建新编　　　　　168.00元